안 동
문 화
100선

●❶❸

정
윤
호 鄭潤鎬

경북 안동에서 출생하여 경북대학교 사회학과를 졸업하였다.
안동MBC 보도국에 입사하여 보도부장, 보도국장, 콘텐츠제작국장을 역임하였고, 'KAL 007기의 진실', '임하댐의
재앙', '6 · 25 세균전', '맹물 전투기 추락', '안동대 임용 비리' 등 다양한 특종을 발굴하였다. 또한 '온실가스
를 잡아라', '99%의 경제, 협동조합' 등 시사 다큐멘터리도 다수 제작하였다.

류
종
승 柳鍾承

1995년 광고사진 스튜디오에서 사진을 시작하였고, 2011년 안동청년유도회 회원으로 활동하면서 안동의 문화, 유림
과 관련된 작업을 주로 하고 있다.
『안동의 서원』, 『협동학교』, 『송재 이우의 삶과 문학』 등의 사진 작업에 참여하였다.

협력과 저항의 경계 안동역

정윤호 글
류종승 사진

민속원

협력 과
저 항 의
경   계
안 동 역

차례

2020년, 경자년庚子年의 단상斷想

2020년 1월, 경자년 원단元旦을 앞둔 세모歲暮는 수상殊常했다. 정체가 모호한 돌림병이 시작됐다. 바이러스가 왕관을 닮았다 해서 코로나라 했다. 유행의 속도는 소문보다 빨랐다. 겨울의 끝자락에서 돌림병은 창궐했다. 사람들은 나가지 않았고 만나지 않았다. 마스크가 사람들을 이격離隔하는 경계로 등장했다. 마스크를 쓰지 않으면 '불가촉천민不可觸賤民'이 됐다.

경자년의 기억 속에 봄꽃은 없었다. 학생들은 학기가 시작되어도 서로 만나지 못했고, 학기가 끝나도 동무의 얼굴을 몰랐다. 젊은 청춘들의 결혼식은 초라했다. 노인들의 장례는 쓸쓸했다. 삼복더위와 긴 장마에도 마스크는 사라지지 않았다. 일상으로 돌아갈 이정표里程標는 보이지 않았다. 미래를 기약할 수 없는 불안이 사람들을 짓누르고 있었다.

여름의 끝에서 큰바람이 불었다. 산은 일렁이고 있었다. 남풍은 낙동강의 역류를 요구했다. 진퇴의 경계에서 수초水草는 이리저리 표류했다. 철교를 지나는 열차 위로 구름이 흘러갔고, 그림자는 열차를 따라갔다. 경자년의 수상한 시절은 100년의 기억을 소환했다. 철도 위에 의병義兵이 있었다. 남풍에 밀려 떠났고, 북풍에 실려 돌아왔다. 북풍과 남풍의 정체는 명징明澄하지 못했다. 생사의 경계는 모호模糊했다.

코로나 풍경(출처 : 경북기록문화연구원)

서세동점西勢東漸의 진입로, 철도鐵道

철도는 제국 팽창의 선봉先鋒에 있었다. 서세동점西勢東漸의 진입로였다. 동점東漸의 관건關鍵은 군대軍隊의 이동속도와 규모였다. 말을 타던 군대가 기차로 이동했다. 동쪽의 백성은 철도부설鐵道敷設에 땅을 내주고, 노동력을 제공했다. 빼앗긴 땅과 땀으로 부설된 철도를 따라 서세西勢의 군대와 자본과 상품이 들어왔다. 식량과 원료는 철도를 따라 빠져나갔다.

철도를 앞세운 동점東漸의 선두는 러시아였다. 1891년부터 시베리아 횡단철도를 건설했다. 모스크바에서 블라디보스톡에 이르는 9,300km, 동진東進의 길이었다. 길 끝에 만주滿洲와 부동항不凍港이 있었다. 러시아는 시베리아 치타에서 북만주를 횡단해 블라디보스톡에 이르는 철도를 계획했다. 북만주 철도부설권은 '동진정책東進政策'의 밑그림이었다.

러시아의 '동진정책'은 일본의 '대동아공영권大東亞共榮圈'과 충돌했다. 조선과 만주는 동진정책과 대동아공영권의 교집합交集合이었다. 늙은 호랑이,

시베리아 횡단 철도(출처 : 네이버)　　　　동청철도와 남만주철도(출처 : 네이버)

　　청清과 서산의 낙조落照, 조선은 마지막 숨을 몰아쉬고 있었다. 일본이 선수先
手를 쳤다. 청을 때려 러시아의 남하를 저지했다. 중국 중심의 동아시아 질서
가 무너졌다. 일본은 조선의 지배권과 요동 반도의 영유권領有權을 확보했다.
신흥 일본이 동아시아의 새로운 패자霸子로 등장했다.
　　러시아가 뒤집기에 나섰다. '옆 동네 건달 둘'을 끌어들여 요동 반도의 반
환을 강요했다. 정의를 핑계된, 희한한 간섭干涉이었다. '남의 일에 부당하게
참견한' 3국 간섭의 열매는 달콤했다. 러시아는 만주 일대의 철도부설권鐵道
敷設權을 확보했다. 요동 반도도 조차租借했다. '칼은 빼지 않고 칼집만 흔들
어준' 독일은 산동 반도, 프랑스는 광동성을 얻었다. 희한한 간섭이 가져온
뜻밖의 선물이었다.
　　북만주를 횡단하는 동청철도東清鐵道가 부설됐다. 유라시아를 관통하는 시
베리아 횡단 철도의 마지막 구간이었다. 동청철도 하얼빈에서 장춘, 봉천, 대
련으로 연결되는 남만철도南滿鐵道도 건설됐다. 조차지租借地, 여순항에는 러
시아함대가 주둔했다. 남북만주와 연해주를 틀어쥔 러시아는 조선을 넘보고
있었다.

20세기가 시작됐다. 조선은 일제의 병참기지兵站基地로 변했다. 대륙진출의 교두보橋頭堡였다. 부산에서 신의주로 이어지는 2천리 종관철도縱貫鐵道가 한반도를 관통했다. 군용철도였다. 일제의 전함戰艦이 제물포와 진해항에 기항寄港했다.

러일전쟁이 시작됐다. 일제는 조선 수호와 요동 반도 회복을 앞세웠다. 고토수복故土收復이라 했다. 앞뒤가 맞지 않는 불순한 용어였다. 만주에 주둔한 러시아 군대는 고립돼 있었다. 시베리아 횡단 철도에 의지한 병참선兵站線은 너무 길었다. 바이칼호 우회 구간은 공사중이었다. 열차는 대형증기선에 실려 호수를 건넜다. 러시아 주력군主力軍 120만 명이 만주에 왔을 때, 전쟁은 끝나 있었다. 세계 최강 발틱함대는 지구 반 바퀴를 돌아 쓰시마해협에 도착했다. 7개월이 걸렸다. 긴 항해에 지친 발틱함대는 쓰시마해협에서 궤멸됐다. 동진東進의 길은 끊어졌다.

일제의 불순한 용어가 현실이 됐다. 고토수복은 '철도 뺏기'의 동의어였다. 조선은 교환대에 놓인 물물物物이었다. 러시아는 만주와 조선을 포기했다. 미국은 일본의 조선강점朝鮮强占과 만주진출滿洲進出을 묵인했다. 남만철도南滿鐵道의 장춘-봉천-대련 구간이 일제의 손아귀로 들어갔다. 조선의 2천리 종관철도와 7백리 서간도 철도(안봉선)가 연결됐다. 조선과 만주를 종단하는 국제철도였다. 1911년 11월 1일, 봉천奉天(심양)행 직통열차가 부산역을 출발했다. 조만朝滿 국제열차는 일제의 대륙진출 신호탄이었다.

국망國亡... 서러운 산하山河

서세동점西勢東漸의 시대, 열강의 전쟁은 '철도 쟁탈전'이었다. 철도는 제국경영의 시종始終이었다. 일제는 두 번의 전쟁으로 조선과 만주의 철도를 얻었다. 제국의 길이었고 대륙진출의 진입로였다. 일본과 미국과 러시아가 조선을 흥정하고 있을 때, 칠령팔락七零八落, 조선은 서푼짜리 제국놀음에 정신이 없었다. 일본과 러시아를 오간 줄타기는 위험했고, 명命을 재촉했다.

경술년, 나라가 망했다. 황제를 칭稱하며 제국을 꿈꿨던 대한제국大韓帝國이 사라졌다. 조선 부흥의 원대한 포부는 제국성립帝國成立 13년 만에 스러졌다. 백일몽白日夢이었다. 논리는 정연했고 의지는 강고했으되, 시세時勢는 통찰하지 못했다. 광무光武와 융희隆熙[1]의 꿈은 짧았고 애달팠다. 군주는 곧 나

---

1   광무光武 : 대한제국의 연호(1897.8.17~1907년.8.11.)
    융희隆熙 : 대한제국의 연호(1907.8.12~1910.8.11.)

라였다. 임금이 없으면 나라도 없었다. 국망國亡을 견디지 못한 선비들은 목숨을 버렸다. 시세를 읽었던 선비들은 나라를 버렸다. 망국을 주도한 제국의 대신大臣들은 일제의 귀족으로 변신했다. 이도 저도 못한 이들은 죽은 듯 살았다.

한양 사는 '안동 양반들'이 구한말 국정을 농단壟斷할 때, 안동 사는 '안동 선비들'은 '삼동에 베옷 입고 암혈巖穴에 눈비 맞았다.' '구름 낀 볕뉘도 쬔 적이 없는데' '서산낙조西山落照'에 '눈물겨워' 했다.[2] 갑오변란甲午變亂에 의병을 일으켰고, 을사늑약乙巳勒約에 절망했고, 경술국치庚戌國恥에 목숨을 버렸다. '공맹孔孟은 시렁에 얹고', 나라 찾는 일에 재물을 팔았다. 반상班常이 모두 의병이었다. '이름도 성도 없는 오직 의병'이었고, 살아서 죽어서 모두가 불꽃이었다.

갑오에서 경술까지 16년, 안동 의병은 세 갈래 길을 길었다. 이정표는 의병장 류인석의 처변삼사處變三事였다. 척사유림斥邪儒林은 갑오·을미의병을 일으켜 왜적과 싸웠다擧義掃淸(거의소청). 역부족이었다. 일부는 스스로 목숨을 끊었고自靖致命(자정치명), 일부는 국외로 망명해서 후일을 도모했다去之守舊(거지수구). 후대는 거지수구去之守舊의 행렬을 혁신유림革新儒林이라 했다. 향산響山 이만도는 자정치명했고, 석주石洲 이상룡과 백하白下 김대락은 거지수구의 길을 갔다.

1910년대, '오직 의병'들이 떠나버린 안동은 음울했다. '인걸人傑은 없는데, 산천은 의구依舊했다.' 혼군昏君이라도 좋았다. 군주가 나라였다. 나라 있던 시절이 '태평연월'이었다. 아득한 시절이었다. 일제가 발톱을 드러냈다.

---

2 남명 조식의 시조

안동읍성 성문과 유사한 상주읍성 동문과 남문(출처 : 경북기록문화연구원)

근대화를 표방한 난도질은 안동의 지도를 바꿨다. 조선을 상징하던 안동읍성安東邑城이 헐렸다. 읍성의 붕괴는 망국의 징표徵標였다. 모든 것이 바뀌고 있었다.

토지조사를 앞세운 척지拓地와 식민殖民놀음이 시작됐다. 땅을 개발해拓地 (척지) 백성을 잘살게殖民(식민) 하는 회사, 동양척식회사東洋拓殖會社가 남의 땅을 갖고 놀았다. 척지拓地는 강탈이었고, 식민殖民의 수혜자는 황국皇國의 신민

臣民이었다. 서러운 시절이었다.

> 1913년 조선총독부 임시토지조사국에서…읍성이 있었던 서부동과 동부
> 동 토지소유자의 보유면적을 조사하였다.…서부동과 동부동의 전체면적
> 은 14만8천648평이며 이 중에서 국유지 3만6천447평, 동양척식주식회사
> 소유 토지 7천836평, 일본인 소유 토지 1만2천356평으로 이는 전체 면적
> 의 38.1%[3]

동척이 수탈한 땅은 식민植民(이민 온 일본인)에게 분양됐다. 동척은 식민植民
을 식민殖民했다. 이민자들은 연리 2%에 25년 상환조건으로 2정보에서 10정
보의 옥토沃土를 분양받았다. 수해水害와 한해旱害의 우려가 적고, 교통이 편리
한 '알짜배기 땅'이었다. 안동 읍성 중심지의 거의 절반이 일본인 소유로 넘
어갔다. 토지를 뺏긴 식민지 백성은 소작小作으로 연명했다.

국망의 상처는 깊었다. 싸우고 절망하고 절명絶命했지만, 나라는 없었다.
새로운 의병을 길러낼 시간이 필요했다. 안동의 의병은 근대식 교육으로 방
향을 틀었다. 의병의 후예들은 경부선京釜線에서 책을 들었고, 경의선京義線에
서 총을 숨겼다. 청년들은 '살아서 죽어서 불꽃'이 될 새로운 의병으로 성장
했다. 반상班常과 양천良賤이 모두 의병이었다. 읍성이 사라진 폐허의 땅에서
젊은 의병들은 외적, 내적 변화를 주도했다. 민국民國의 맹아萌芽가 싹트고
있었다.

---

3   김기철, 「안동 도시공간구성의 변천에 관한 연구」, 대구대학교 대학원, 2013.

시베리아 횡단 열차....
두 개의 팬데믹pandemic

1차 세계대전이 막바지로 치닫고 있었다. 1918년 겨울부터 유행성 감기가 유럽 전역으로 확산됐다. 감기는 지독했다. 참상惨狀은 전쟁보다 심했다. '스페인 독감Spanish flu'이라 했다.

스페인 독감은 진행 과정에서 세 번의 확산 파동을 그렸다. 1918년 6~7월과 그해 10월부터 이듬해 1월초까지 그리고 해가 바뀌어 1919년 초에 다시 확산됐다가 4월에 눈 녹듯이 사라졌다.[1]

---

1 『아틀라스뉴스』, 2020.4.1.

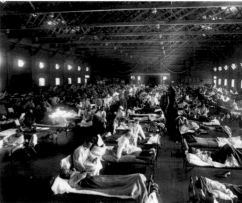

스페인 독감 의료진과 병원(출처 : 팬데믹 1918)

전 세계에서 5억 명이 감염됐다, 사망자는 최소 5천만 명, 많게는 1억 명까지 추산됐다. 스페인 언론에 실린 이 독감의 양상樣相은 무섭고 기괴奇怪했다.

> 중앙로를 따라 내려가던 장례 행렬에서 마차를 몰던 마부가 마치 번개라
> 도 맞은 듯 땅바닥으로 고꾸라졌다…. 조문객 중 한 사람이 느닷없이 바
> 닥에 쓰러져 곧 숨을 거두었다. 장례 행렬을 따르던 사람들은 공황상태
> 에 빠졌고 모두 뿔뿔이 흩어졌다. 망자의 관이 실린 마차만이 덩그러니
> 남았다.[2]

스페인 독감은 유럽에서 확산돼 시베리아 횡단 철도를 따라 이동했다. 만주 철도와 반도의 종관철도縱貫鐵道가 독감을 매개했다. 조선에서는 '유행성 감모感冒'라 했다.

---

2 캐서린 아놀드, 『팬데믹 1918』, 황금시간, 2020.

조선에서 인플루엔자 대유행은 1918년 9월, 처음 가시화되기 시작했다. 감염이 시베리아를 통해 유럽에서 전파되어 왔음을 의심할 여지는 없는 듯하다. 이 질병은 북쪽으로부터 철도를 따라 남쪽으로 퍼졌다. 우리는 서울에서 9월 하순에 처음으로 그 증례證例를 보게 되었다. 10월 중순에 이르기 전에 전염은 최고조에 이르렀다.[3]

조선의 상황은 끔찍했다. 7백만 명이 감염됐다. 10명 중 4명이 환자였다. 14만 명이 스페인 독감으로 숨졌다.

1918년 742만 2천여 명의 유행성 감모 환자가 있었으며, 그중 13만 9천여 명이 사망했다....인구의 약 40%가 이환罹患(감염)된 셈이다....강원도 지역에서만 조선인 44만 8천여 명이 유행성 감모에 이환되었으며, 이로 인한 사망자는 5천2백여 명, 합병증인 폐렴과 기관지염으로 인한 사망자는 2천4백여 명에 이르렀다.[4]

식민지 백성의 고단한 삶에, '무섭고 기괴한 감기'까지 덮쳤다. 빼앗긴 산하에서 철도 부역賦役에 시달리고, 철도를 따라온 감기에 목숨을 잃었다. 옛 군주(고종)가 독살됐다는 소식도 철도에 실려 왔다. 원흉은 일제였다. 나라 잃은 백성의 분노가 비등했다. 척식拓殖과 철도와 암살과 유행성 감모感冒가 3·1운동의 도화선導火線이 됐다. 3·1운동은 주권재민主權在民의 불꽃이었다. 나라의 주인은 군주가 아닌 백성이었다. 민국民國의 시작이었다.

1917년, 제정帝政 러시아가 무너졌다. 황제는 죽었다. 10월에 레닌이 주도

---

3 천명선·양일석, 「1918년 한국 내 인플루엔자 유행의 양상과 연구현황」, 대한의사학회, 2007.
4 이정은, 「매일신보에 나타난 3.1운동 직전의 사회상황」, 한국독립운동사연구소, 1990.

한 사회주의 혁명이 일어났다. 붉은 깃발이 러시아를 물들였다. 볼세비키가 이끄는 소비에트 정권이 탄생했다. 제정帝政 러시아를 전복顚覆시킨 혁명의 깃발은 시베리아 횡단열차를 타고 극동으로 이동했다. 만주와 연해주, 한반도가 사회주의 사조思潮에 물들어갔다. 또 하나의 팬데믹이었다.

독립의 길을 찾던 민국民國의 의병들에게, 러시아 혁명은 구세救世의 빛이었고 복음福音이었다. 반제투쟁反帝鬪爭은 독립과 민국 건설의 전제였다. '꿩 잡는 매'가 필요했다. 쥐만 잡을 수 있으면, 흑묘黑猫든 백묘白猫든 상관없었다. 러시아 혁명은 일제를 뒤엎을 고양이요 매였다. 민국의 의병들은 '막사과Moscova의 북풍'을 흠향歆饗했다. 북풍北風은 일제가 만든 철도를 따라 퍼져나갔다. 일제는 북풍이 불러올 혁명을 경계했다. 독립에 갈급渴急한 의병들은 북풍의 진원지로 들어갔다. 음수사원飮水思源의 길이었다.

1922년 겨울....막사과莫斯科(Moscova)의 시절인연時節因緣

1922년 1월 15일, 폭설이 내린 북국北國의 겨울은 스산했다. 눈 쌓인 모스크바 야로슬랍스키역으로 시베리아 횡단 열차가 들어왔다. 코민테른이 마련한 특별열차였다. 이르쿠츠크역을 출발한 지 일주일만이었다. 두꺼운 코트에 샤프카를 쓴 조선인들이 플랫폼에 내렸다. 모스크바 극동인민대표회의極東人民代表會議에 참가한 조선대표단이었다. 식민지 조선의 젊은 의병들은 북풍을 경외敬畏했다. 대제국의 황제를 끌어내린 곳, 모스크바는 북풍의 시원始原이었다. 조선 독립과 민국民國 건설의 해법을 찾아야 했다. 연장자인 김규식이 앞서 걸었고, 김시현과 김지섭, 김재봉이 뒤를 따랐다. 유관순의 동지 권애라도 있었다.

일행은 역사驛舍를 벗어나 콤소몰스카야 광장으로 향했다. 광장은 야로슬랍스키역과 레닌그라드역, 카잔스키역의 중심부에 있었다. 중세와 근세 건축물이 성채처럼 광장을 호위하고 있었다. 풍경은 생경生硬했다. 대표단은 광장에서 버스를 타고 크렘린궁 인근의 '뜨릿치 돔 소비에트'(의회 3청사)로 이동했다. 숙소 겸 회의장이었다. 숙소는 3층에 있었다.

뜨릿치 돔 소비에트(출처 : 독립기념관)

극동인민대표회의 안내판(출처 : 독립기념관)

하구 김시현선생   추강 김지섭선생   근전 김재봉선생

　　장면 하나, 김시현과 김지섭과 김재봉. 셋 다 안동 풍산 출신이었다. 김지
섭과 김재봉은 한 마을(오미동) 사는 일가였고, 김시현은 산 너머(현애동) 살았
다. 김시현과 김지섭은 사돈 간이었다. 김지섭의 동생 희섭이 김시현의 매제
妹弟였다. 김시현은 마흔, 김지섭 서른아홉, 김재봉은 서른둘이었다.

　　안동에서 경성 가는 길도 아득했던 시절, 하물며 모스크바라니…가늠할
수 없는 거리, 수만리 이역異域에서 지연과 혈연이 얽힌 고향 선후배가 같이
걷고 있었다. 초현실적 풍경이었다. 대소가大小家의 안부와 사회주의라는 신
사조新思潮, 안동에서 활동하는 이준태, 권오설, 김남수의 동향 등등이 화제에
올랐을 터였다. 김시현과 김지섭은 '총과 폭탄'에 관심이 있었고, 김재봉은
'레닌과 혁명'을 생각했다. 오미, 현애, 가일, 우렁골, 외내… 모스크바에서

21

들리는 억센 사투리와 암호 같은 지명地名들, 혁명가의 언변은 호기롭고 장쾌했지만, 불협화음不協和音이었고 망명정부의 지폐 같았다.

3년 전 기미년 시위 때, 김시현은 상주에 있었고, 김재봉은 안동에 있었다. 둘 다 경찰에 잡혔다가 풀려나 중국을 떠돌았다. 만난 적은 없었다. 김시현의 모스크바행 여비旅費는 경기도 경찰부의 황옥 경부警部가 지원했다. 50원(요즘 1백만원)이었다.

장면 둘, 억센 안동 사투리가 잦아들고, 젊은 여성들의 수다가 이어졌다. 고음高音에 청아清雅한 경성 말투, 조선 여성 4명의 수다는 권애라가 이끌었다. 3년 전 기미 운동 때 감옥 간 얘기였다. 이화학당 선후배, 권애라와 유관순은 서대문 옥사獄舍 8번 방에서 만났다. 반갑고 서러워 부둥켜안고 울었다. 수원 기생 김향화도 있었다. 정기 검진받던 날, 기생 32명을 데리고 경찰서 정문에서 독립 만세를 외쳤다. 모질게 얻어맞고 감옥에 갇혔다. 김향화는 감옥에서 소리를 가르쳤다. '개성난봉가'는[1] 길었고, '고고천변皐皐天邊 일륜홍一輪紅'은[2] 짧았다. 권애라의 소리는 김향화 못지않았다. '기생질 못해먹겠다'며 김향화가 돌아앉았다. 운동권 여대생과 의식화된 술집 아가씨는 서로 분별分別하지 않았다. '춘삼월春三月의 독립군이요, 불꽃같은 의병'이었다. 간수의 매질과 고문拷問에 눈물 나던 날, 함께 노래를 불렀고 박꽃처럼 웃었다.

이듬해 감옥에서 나온 권애라의 일과는 시국강연時局講演이었다. 개성난봉가로 양념친 권애라의 강연은 종장파괴終章破壞의 묘미가 있었다. 매번 난리가 났다. 그의 강연은 흥행을 보증했다. 그해 여름 그가 갑자기 경성에서 사라졌다. 눈 내린 모스크바 야로슬랍스키역 플랫폼에서 감옥 얘기로 수다 떠는 조선 여성이 바로 그 경성의 스타, 권애라였다.

---

1 황해도 난봉가(사랑가)의 하나로 박연폭포라고도 한다.
2 판소리 수궁가의 한 대목

장면 셋, 경성의 스타, 권애라의 뒤를 따르던 3명의 청년, 박헌영과 김단야, 임원근이었다. 그들은 고려 공산당청년회의 트로이카였다. 이들은 상해와 경성을 오가며 혁명의 붉은 깃발을 전파하고 있었다. 경성의 여성 사회주의 트로이카가 이들을 지원했다. 그들은 주세죽, 고명자, 허정숙이었다. 남성 트로이카는 모스크바에 있었고, 여성 트로이카는 경성에 있었다. 세 남자가 모스크바에 도착한 날부터 '세 명의 남자와 세 명의 여자'는 예정된 운명 속으로 걸어갔다. 그들은 '안동의 불온不穩한 사상가', 김재봉, 권오설, 김남수를 이어간 조선공산당의 주력이었다.

경성의 여성 사회주의 트로이카
(좌로부터 주세죽, 고명자, 허정숙, 출처 : 네이버)

장면 넷, 1월 17일, 모스크바 크렘린궁 소극장에서 극동 인민대표회가 시작됐다. 조선과 중국, 일본 등 9개국 대표 144명이 참석했다. 조선 대표가 52명이었다. 국제공산당, 코민테른은 혁명의 이식지移植地로 조선을 겨냥하고 있었다.

모스크바에 앞서 워싱턴에서 열린 태평양 회의는 실망스러웠다. 미국과

모스크바 극동인민대표회의 개막식(출처 : 구글)

영국, 일본, 프랑스는 4강 조약을 맺고, 일제의 조선 식민통치植民統治를 묵인했다. 애당초 정의나 선의 따위 없었다. 조선대표단의 김단야는 당시의 상황을 이렇게 기록했다.

> 태평양 회의의 결과가 약소한 자에게 동정의 눈물을 뿌려 줄 줄로 믿은 이가 더 많았었다. 동양의 약소민족들은 저 잡아먹으려고 하는 이 회의를 도리어 축하하고 찬미하는 그때, 세계무산자해방운동의 본영인 국제공산당에서는 일찍 그 회의의 성질을 간파한 동시에 그 결과까지도 미리 알았다. 그리하여 그것이 동양의 약소 민족과 군중에게 실로 사활 문제를 가진 것이라 하여, 이에 피압박적 군중으로 하여금 스스로 단결하여 저 무서운 독수를 대항치 않으면 안 되겠다는 정신에서 원동 민족대회를 소집케 된 것이다. 그래서 동양 각국 안에 있는 노농단체 또는 혁명단체의 대표 백수십 인이 적로赤露로 모여 1월 15일에 모스크바를 밟게 된 것이다. 그리하여 1월 17일에...크렘린궁전 안에서, 국제공산당 중앙집행위원장 지노비예프씨의 사회로, 제1차 원동 민족대회의 개회를 선언하였다.[3]

워싱턴은 조선을 외면外面했고, 모스크바는 대한민국 임시정부 지원을 결의했다. 러시아 붉은 혁명의 수부首府, 모스크바는 간결하고 명확하게 식민지 조선의 혁명노선을 제시했다.

> 조선혁명朝鮮革命은 임시정부를 지원하고 그 정부를 격려하고 수정함으로써 수행되어야 한다. 조선은 공산주의에 지식이 없는 농업국이기 때문에 민족주의를 강조해야 하며, 1차 목표를 농민에게 두어야 한다.

---

3 『조선일보』 레닌회견기, 1925.1.23.

장면 다섯, 모스크바 크렘린궁 인근의 '뜨릿치 돔 소비에트'. 크렘린 소극장에서 개회한 극동 인민대표 회의가 1월 18일부터 이곳에서 이어졌다. 회의 막간幕間에 여흥시간이 마련됐다. 조선 대표 권애라가 개성난봉가를 불렀다. 식민지 백성의 서러운 노래였다. 유장悠長했지만 비장悲壯했고, 단장斷腸의 절창絶唱이었다. 서대문 감옥에서 수원 기생 김향화가 '기생질 못해먹겠다'고 입 내밀던 그 솜씨였다. 권애라는 극동 인민대표 회의의 프리마돈나가 됐다. 김시현이 먼발치에서 권애라를 지켜보고 있었다.

주말이었다. 권애라는, 조선이 망할 때 세상을 떠난(1910년) 톨스토이의 고택에 있었다. '전쟁과 평화'는 민중의 대서사大敍事였다. 서사의 모티브는 1825년 12월에 일어난 '데카브리스트의 난'이었다. 입헌군주제立憲君主制와 농노폐지農奴廢止를 요구했던 청년장교들은, 상트페테르부르크에서 우랄산맥을 넘어 시베리아 이르쿠츠크로 유배됐다. 30년 뒤, 이들은 유배에서 풀려나 모스크바와 상트페테르부르크로 귀환했다. 톨스토이는 이들과 만나, 후일 '전쟁과 평화'로 태어날 대서사의 자료를 수집했다. 데카브리스트의 유배지, 이르쿠츠크는 보름 전, 김시현과 권애라가 모스크바행 특별열차를 탔던 곳이었다.

권애라는 데카브리스트와 톨스토이에 심취해 있었다. 그런데…김시현이 거기 있었다. 데카브리스트의 난과 이르쿠츠크와 톨스토이의 삶이 대화의 주제로 올랐을 터였다. 레프 니콜라예비치 톨스토이, 그는 서른네 살에 평생의 반려자, 소피야 안드레예브나 베르스를 만났다. 소피야는 열여섯 살이었다. 톨스토이의 걸작, 전쟁과 평화는 소피야의 손에서 완성됐다.

무장투쟁을 꿈꾸는 거친 사내의 얼굴에 데카브리스트가 겹쳤고, 가슴에는 톨스토이가 있었다. 김시현은 난세의 영웅을 꿈꾸지 않았다. '이름도 성도 없는 오직 의병'을 원했다. 권애라의 눈빛이 빛났다. 김시현의 나이는 마흔이었고, 권애라는 스물여섯. '동지'라는 이상이, '나이 차'라는 현실現實을 눌

렀다. 톨스토이와 소피야도 그랬다. 모스크바 회의가 끝난 뒤. 권애라는 소주蘇州로 떠났고, 김시현은 상해로 돌아갔다. 김시현과 권애라의 아들 김봉년은 1922년생이었다.

장면 여섯, 1922년 1월 21일 오후 6시. 모스크바는 어둠에 잠겨 있었다. 극동 인민대표 회의에 참석한 각국 대표 17명은 버스에 올라 크렘린궁으로 향했다. 크렘린궁은 한겨울 춥고 적막한 도시에서 유일하게 불야성不夜城을 이루고 있었다. 성곽을 따라 늘어선 전등은 샛별처럼 빛났다. 성곽 너머로 반원형의 건물이 공중에 뜬 듯 우뚝 솟아 있었다. 붉은 혁명의 지도자, 니콜라이 레닌이 있는 크렘린궁 집무실이었다. 버스는 미끄러지듯 크렘린궁으로 진입했다. 버스에서 내린 일행은 걸어서 레닌의 집무실로 향했다. 눈이 내렸다. 눈을 치운 길 위에 눈이 쌓이고 있었다. 길은 멀고 복잡했다. 문을 통과할 때마다, 총을 든 제복의 병사들이 발걸음을 막았다. 목소리는 낮았고, 눈빛은 날카로웠다. 길을 안내하는 비서의 몇 마디에 수직守直 병사의 손이 이마에 올려 붙었다. 집무실 건물 입구에도 수문병守門兵이 있었다. 병사가 묻고 비서가 답하고, 병사가 경례하는 절차가 이어졌다.

집무실은 3층에 있었다. 나선형 계단과 화려한 장식으로 꾸며진 크렘린의 심장부는 장엄하고 아름다웠다. 수문병은 2층에도 있었고, 3층 집무실 입구에도 있었다. 마지막 검문 절차를 마치고 마치 대문 같은 집무실 입구로 들어섰다. 레닌의 비서가 일행을 맞이했다. 비서실은 17명이 들어서도 공간이 남을 만큼 넓었다. 잠시 뒤, 내실의 문이 열렸다. '대머리'가 쑥 나왔다. 일행 중 누군가 '아, 하게아타마'라고 외쳤다. 조선 사람의 입에서 '하게아타마'라니...식민지 백성의 구차한 삶이 사물에 대한 개념과 용어까지 바꿔 놓았다. 대머리가 '하게아타마'로 바뀌는 기간은 국치 이후 12년에 불과했다.

대머리 영감, 레닌은 웃는 얼굴로 손을 내밀었다. 차례차례 손을 잡아 흔

들며 집무실로 안내했다. 비서가 일행을 소개했다. 레닌은 중국 대표를 찾더니 손문孫文(쑨원)의 안부를 물었다. 일행 중 조선 사람은 여운형, 김규식, 김시현, 최고려, 현순, 김단야, 김원경 등 7명이었다. 레닌과 대표들은 세계정세와 식민지 문제 등 다양한 주제로 두 시간 가까이 토론을 이어 갔다.

  정말 활발한 사람 가운데도 가장 활발한 사람으로 보였다. 남의 이야기를 듣는 때는 반드시 자기의 자리에 그대로 앉아서 듣는 법이 없다. 말하는 사람의 곁으로 얼른 건너가서 그 곁의 자리에 앉든지, 그렇지 않으면 그 말하는 이의 의자를 의지하고, 구부리고 서서 벙긋벙긋 웃어 가며, 고개를 끄덕끄덕해 가면서, 귀를 잔뜩 기울이고 듣는 것이 보통이다. 듣는 바에 의하건대 그가 말하는 이에게 바짝 달라붙어서 귀를 기울이고 듣는 것은 친절도 친절이요 활발도 활발이려니와 조금 이롱증耳聾症이 있는 것도 한 원인이 된다고 한다. 그런데 나는 외관에 나타난 그를 통틀어 잘났다 못생겼다고 하기 싫다. 다만 무엇으로인지 모르게 남을 압도하는 듯한 어떤 위대한 힘을 가졌었다.[4]

  레닌과 극동 인민 대표들 간의 만남은 이날이 처음이자 마지막이었다. 러시아 붉은 혁명의 지도자, 니콜라이 레닌은 그로부터 2년 뒤, 그 날 그 시각에 세상을 떠났다. 1924년 1월 21일 오후 6시 반경이었다. 만남과 헤어짐의 월일시月日時는 같았다. 식민지 조선의 대표들에게 유언처럼 남겨진 레닌의 열변은, 그 후 조선공산당과 풍산 소작인회, 형평사 운동의 모태母胎가 됐다. 안동 사람 김재봉과 권오설, 김남수 그리고 박헌영, 김단야가 맞이한 비극의 단초緞綃이기도 했다. 기연奇緣이었다.

4 『조선일보』 레닌회견기, 1925.1.30.

막사과Moscova의 인연.... 길은 달랐다

1922년 겨울, 모스크바에서 만났던 안동의 의병들은 각기 다른 길을 걸었다. 길 끝에 해방된 조국이 있었다. 목적지는 같았다. 김시현과 김지섭은 무장투쟁武裝鬪爭을 생각했고, 김재봉은 인민혁명人民革命을 꿈꿨다. 김시현과 김지섭은 의열단원義烈團員으로 총을 들었다. 김재봉은 조선공산당을 만들었다. 김시현과 김지섭은 이듬해 경성 폭탄테러를 공모했다. 권애라는 첩보원이 됐다.

장면 하나, 임술지추壬戌之秋 칠월기망七月旣望(1922년 음력 7월 16일)[1] 이었다. 권애라가 경성에 나타났다. 개성난봉가로 경성을 뒤집어 놓고 잠적한 지 2년 만이었다. 두 달이 지난 10월 14일 밤, 중앙기독교청년회관에서 권애라의

---

1 『동아일보』, 소동파의 전적벽부前赤壁賦 첫 구절, 동아일보는 권애라의 귀국기사 첫머리에 '임술지추 칠월기망'으로 귀국시점을 표현했다, 1925.10.11.

시국 강연회가 열렸다. '경성 셀럽'의 귀국 강연 자리, 수천 명의 청중이 모였다. 강연을 시작하려던 순간, 일제 순사가 돌연 강연을 중단시켰다. 주제가 민감하다는 이유였다. 열 받은 권애라, 강연 대신 고향 노래나 한마디 하겠다며 개성난봉가를 열창했다. 개성난봉가 4절이 서대문 감옥 얘기로 개사改詞됐다.

'발가버슬 때 피눈물 나드라만 콩밥을 바드니 올우슴 거기잇네…'[2] 기미년 시위로 감옥 들어가던 날의 소회所懷였다. 발가벗고 죄수복 갈아입을 때는 피눈물 났는데, 막상 들어가서 콩밥 받으니 좋더라는 얘기였다. 시국 강연회가 권애라의 '단독 리사이틀' 무대로 변했다. 청중은 몽롱하게 취했다. 재청再請이 쏟아졌다. 권애라의 앵콜곡은 '고고천변 일륜홍'. 서대문 감옥에서 배운 단가短歌였다. 갑자기 청중들의 반응이 싸늘해졌다. '기생이냐 학생이냐' 하는 등의 온갖 핍박이 빗발쳤다.

권애라는 '기생도 조국의 딸, 이 권애라도 조국의 딸, 이 노래도 조국의 노래, 조국의 딸이 조국의 노래 좀 하겠다는데, 너님은 뭐가 문제임?' '팩폭'을 시전했다. 여기저기서 '옳소'와 '쫓아 내라'는 고함이 터졌고 장내는 아수라장이 됐다. 누군가는 신흥 민주 조국의 미래를 책임질 급진적 신여성이라며 격렬히 찬양했고, 누군가는 개진상 또라이라고 저주했다. 그리하여, 권애라는 '권난봉'이 되었다.[3]

상해에 있던 권애라가 다시 경성에 나타난 그 무렵, 김시현과 김지섭도 경성으로 잠입했다. 그들은 조선총독부와 동양척식회사, 매일신보사 주변을 돌

2 『동아일보』, 1925.10.11.
3 『딴지일보』 재인용-, 2017.4.10.

아다녔다. 움직임은 은밀했고, 흔적은 남지 않았다. 의열단은 2차 경성 폭탄 테러를 계획하고 있었다. 자금資金과 동지同志가 필요했다. 때맞춰 권애라가 움직였다. 경성의 이목을 집중시키고 자금을 모으는 방법, 시국 강연이었다. 10월 14일 중앙기독교청년회관의 '개성난봉가 소동'은, 권애라의 의도된 연출이었다. 그날 권애라의 강연에 모인 청중은 수천 명, 입장료는 20전이었다. 수익금은 수백 원(1백원은 요즘 2백만원)에 달했다. 권애라의 강연은 이듬해 1월까지 이어졌다. 주제는 매번 민감했고, '옳소'와 '쫓아내라'로 갈라진 청중은 항상 시끄러웠다. 욕을 하든, 옹호하든 청중은 늘었다. 권애라는 청중을 다루는 법과 돈을 모으는 이치理致를 알았다. 임술년 겨울, 김시현과 김지섭이 조용히 경성을 빠져 나갔다. 권애라는 경성에 남았다.

경성 폭탄테러 사건
(동아일보 기사1923.4.12.)

장면 둘, 1923년 2월 11일, 중국 천진天津의 영국 조계지租界地. 겨울비가 내렸다. 복잡한 골목의 중국식당에 조선인 세 사람이 자리를 잡았다. 의열단 의백義伯 김원봉과 의열단원 김시현, 경기도 경찰부의 황옥 경부警部였다. 3월 3일, 천진天津의 그 식당. 김원봉이 김시현에게 폭탄 36개와 권총 5정을 건넸다. 폭탄과 권총은 신의주 건너편 안동에 도착했다. 김시현은 신의주 경찰서장을 안동으로 불러 잔치를 벌였다. 2차는 신의주로 갔다. 경찰이 앞장섰고, 기생들이 따랐다. 기생들의 인력거 속에 폭탄이 들어 있었다. 폭탄은 다음 날 경의선 기차에 실려 경성으로 옮겨졌다. 황옥 경부의 도움이 컸다. 밀정이 거사 계획을 발고發告했다. 경성 시내에 36개의 폭탄을 던지려던, 대담한 거사는 실패로 끝났다. 김시현과 황옥 경부는 경찰에 체포됐다.

> 의열단에서 사용코자 하던 폭탄 중에 이번에 압수된 것은, 파괴용, 방화용, 암살용의 세 종류를 합하여 도합 36개, 권총 5정, 실탄 155발, 기타 폭탄에 장치하는 시계가 6개인데... 파괴용은 벽돌집 벽을 뚫고 들어가 그 속에서 폭발하는 동시에 일시에 건물이 무너지는 맹렬한 힘을 가지고 있으며, 그 속에 '제림나이트'라는 폭발약을 집어넣고, 시계를 폭탄 도화선에 연결하여 몇 시간 후에 폭발하게 장치하는 것이며, 암살용은 갸름한 병 모양으로 만들어 그 속에 독한 '황린黃燐'을 넣어 역시 목적한 곳을 향하여 던지면 폭발하는 것인데, 폭발되면 강철 조각이 사방으로 흩어지는 동시에 황린이 폭발하여 사람의 몸에 조금이라도 스치기만 하면 황린 독기로 인하여 즉사하는 무서운 장치를 한 것이라 한다.[4]

김시현이 경성으로 가져온 폭탄은, 동양 최초의 시한폭탄時限爆彈이었고, 치명적인 살상 무기였다. 거사가 성공했다면, 경성은 '지옥의 불바다'가 되었을 터였다. 김시현이 중국에서 경성 거사를 준비할 무렵, 권애라는 의도적으로 경성을 시끄럽게 만들었다. 충주 출신의 유부남, 이병철과 연애를 한다는 소문이 파다했다. 여성계는 부정한 여자라고 비난했고, 권애라의 팬덤은 배신감에 치를 떨었다. 거사 두 달 전쯤인 1923년 1월, 권애라는 천도교당에서 '자유연애'라는 주제로 강연에 나섰다.

4   『동아일보』, 1923.4.12.

서울 청년회 주최의 강연회는 예정과 같이 13일 오후 7시 반경에 경운동 천도교당에서 열렸는데, 군중은 무려 오륙백명에 달하였으며....권애라양이 '연애는 자유'라는 문제로 연단에 올라 강연을 하고자 하였으나, 일반 군중은 권애라의 소행을 말하고 또는 부정한 여자니 무엇이니 하며 물 끓듯이 요란하야, 그는 연단에 네 번 나왔으나 그만 연설을 하지 못하였으며, 군중은 한 시간 이상 권애라에 대하야 훼방을 하고 욕을 하고 야단을 하였는데 조선에 처음 보는 이상한 현상이었으며...[5]

경성의 '모던 걸'로 자유연애를 부르짖던 권애라는 급기야 충주 출신의 이병철과 결혼까지 해버렸다. 개성 권애라의 집에서 결혼식을 했다는 소문도 돌았다. 위장결혼이었다. 모스크바 극동 인민대표 회의에 같이 갔던 김원경의 작전이었다. 권애라는 경찰의 감시망을 피했다. 김시현과의 관계도 드러나지 않았다.

권애라는 상해 임시 정부上海臨時政府 교통국交通局 소속 요원이었다. 임정교통국은 비밀 첩보조직이었다. 권애라의 드러난 언행과 실제 소임所任은 많이 달랐다. 그는 임정의 국제정보國際情報를 다루는 비밀 첩보원諜報員이었다.

장면 셋, "1925년 4월 17일, 점심시간을 조금 앞두고 한 사내가 경성 가회동에 있는 하숙

권애라여사의 젊은 시절 사진
(1925.10.14. 동아일보)

5 『동아일보』, 1923.1.14.

집을 나섰다. 약속시간은 오후 1시였다. 짙은 눈썹에 서글서글한 인상의 사내는 날카로운 눈빛에 긴장한 빛마저 역력했다. 빠른 걸음으로 단숨에 도로를 건너 운현궁 앞쪽으로 빠져나갔다. 파고다 공원을 지나 일각을 더 걸었을까. 사내는 청계천에 잠시 앉아 따사로운 봄볕을 감상하며 숨을 골랐다. 누군가에 쫓기는 것처럼 연신 사방을 둘러보며 경계를 늦추지 않았다. 사내가 다시 걸어서 도착한 곳은 '아서원'(요즘 롯데호텔자리)이라는 중국 요릿집이었다. 그는 김재봉이었다. 김재봉이 집을 나서던 비슷한 시각, 종로 훈정동 초가집에서도 한 사내가 집을 나섰다. 사립문을 나서는 사내 뒤에는 아내가 서 있었다. 사내는 짧은 인사를 건네고 빠른 걸음으로 종묘 쪽을 빠져나갔다. 목적지는 역시 아서원, 그는 박헌영이었다. 오후 1시 아서원. 김재봉과 박헌영 등이 참석한 이 모임에서 조선공산당이 창당됐다."[6]

김재봉이 초대 책임비서로 선임됐다. 김재봉은 극동 인민대표회의가 끝난 뒤 조선으로 돌아오지 않았다. 치타와 블라디보스톡에서 1년 3개월을 더 머물렀다. 이때 조선인 최초의 공산주의자가 됐다. 그는 극동 인민대표회의 이듬해(1923년), 블라디보스톡에서 경성으로 잠입했다. 그가 경성으로 돌아온 지 2년 만에 조선공산당이 출범했다. 1차 조선공산당이었다.

조선공산당 창당 다음 날(1925년 4월 18일), 종로 훈정동 박헌영의 집에서 고려공산청년회가 결성됐다. 박헌영이 공청 책임 비서가 됐다. 안동에서 풍산 소작인회를 이끌던 권오설이 공청의 핵심인 조직부 책임자로 선임됐다. 연락부는 김단야, 교양부는 임원근이 맡았다.

1925년 11월 22일, 조선공산당이 출범한 지 7개월쯤 지난 시점이었다. 밤 10시쯤. 국경도시 신의주에서 공청회원들이 결혼식 피로연을 하다 일제 경찰

6 최백순, 『조선공산당평전』, 서해문집, 2017.

과 시비가 붙었다. 한 회원이 오른쪽 팔에 찬 붉은 완장이 단서가 됐다. 압수 수색에서 공청 중앙집행위원회의 회원자격 심사표와 통신문이 나왔다. 공청 책임 비서 박헌영이 코민테른으로 보내는 비밀문서였다. 조선공산당과 공청의 존재가 확인됐다. 일제는 경악했다. 대대적인 수사가 시작됐다. 박헌영과 부인 주세죽이 먼저 체포됐고, 12월 19일 조선공산당 책임 비서 김재봉이 검거됐다. 무려 37명이 체포 또는 수배됐다.

가까스로 세운 조선공산당의 허리가 부러지는 판이었다. 위기 경고등이 켜졌다. 낙원동 어느 여인숙에 숨어 있던 김찬이 김재봉과 무릎을 맞댔다. 강달영을 불러올려 '조공(조선공산당)을 지켜 달라'고 부탁했다. 낙원동주재소에 있던 왜倭 순사가 담배 가게에서 고급담배가 여러 갑씩 팔려나가는 것을 알게 됐다. 밀매음하는 곳이 있다고 보고 거미줄을 드리웠는데, 예사롭지 않은 사람이 숨어 있다는 것이었다. 그 사람을 붙잡아왔는데, 경성 시내 왜경들이 눈에 불을 켜고 찾던 김재봉이었다. 6년 징역을 선고받은 것이 1928년 2월이었으니, 옹근 2년 7개월 동안 예심이라는 이름 아래 징역으로 쳐주지도 않는 '헛 징역'을 살며 온갖 끔찍한 밥받이와 족대기질을 겪었다. 감옥을 나온 것은 1934년이었는데, 눈을 감은 1944년 3월까지 어디서 어떻게 움직였는지 자취가 없다.[7]

1922년 1월 17일 모스크바에서 개회된 극동 인민대표 회의는, 2월 1일 상트페테르부르크에서 폐회됐다. 폐회식이 열린 곳은 제정 러시아 시대의 의정원이었다. 준비는 이르쿠츠크, 회의는 모스크바, 폐막은 상트페테르부르크로 이어지는 긴 여정이었다. 1922년 겨울, 눈 쌓인 모스크바에서 만났던 '안동

7 『위클리경향』 827호, 2009.6.2.

의 의병들'은 서로 다른 길을 걸으며, 모질고 힘든 세월을 함께 보냈다. 김시현과 김지섭, 권애라는 경성거사를 공모하고 실행했다. 김지섭은 일제의 황궁에 폭탄을 던졌다. 김재봉은 조선공산당을 만들었다.

김시현은 대구형무소에서 5년 5개월을 복역했다. 1929년 겨울, 감옥을 나온 그는 북간도로 떠났다. 충주 이병철의 집에서 살고 있다던 권애라도 돌연 이병철과 이혼하고 중국 소주蘇州로 떠났다. 역시 1929년이었다. 권애라는 중국 소주의 경해여숙대학景海女塾大學 학생으로 신분을 세탁했다. 김시현과 권애라는 1922년 모스크바에서 인연을 맺고도 해방 때까지 가정을 이루지 못했다. 아들 김봉년은 19살이던 1940년쯤 아버지, 김시현을 처음 만났다. 권애라는 아들 김봉년과 함께 서간도에서 비밀 항일운동을 이어갔다. 1942년 길림성吉林省 시가둔施家屯 영신농장永新農場에서 아들과 함께 일제 관동군 특무대에 잡혔다. 1년 이상 특무대 비밀감옥에서 고문 취조를 받았다. 혐의는 치안유지법인데 형량은 징역 12년이었다. 임정의 첩보활동과 관련이 있을 터였다.

김시현의 거사를 도왔던 문경 출신의 황옥경부도 1929년에 출소했다. 그는 일제 경찰로 돌아가지 않았다. 해방 후 미국 군정청軍政廳의 경무총감警務總監으로 근무했고, 반민특위에서 활동했다. 1983년 서울대 도서관에서 시위를 주동하다 떨어져 숨진 황정하 열사는, 황옥 경부의 손자였다.

김시현과 경성 거사를 준비했던 김지섭은 1924년 겨울, 일제의 황궁에 폭탄을 던졌다. 폭탄은 터지지 않았다. 김지섭은 4년 뒤 늦은 겨울, 일본 지바 형무소에서 숨졌다. 김시현은 그때 감옥에 있었다. 김시현의 매제이자 김지섭의 아우인 희섭이 추강 김지섭의 시신을 수습했다. 마흔네 살이었다. 유해는 안동 풍산의 오미마을 뒷산에 평장平葬됐다.

1차 조선공산당 사건으로 체포된 김재봉은 일제의 혹독한 고문으로 심신이 무너졌다. 일제의 감시도 집요했다. 해방을 1년 앞둔 봄에 눈을 감았다. 쉰넷이었다. 1922년 임술년의 시절인연時節因緣이었다.

학암고택(안동 풍산 오미동 김재봉선생 생가)

광복운동 기념공원(안동 풍산 오미동)

五美光復運動記念塔

안동으로 향한 막사과Moscova의 북풍北風

　　모스크바가 제시한 조선 독립의 길은 민족운동을 통한 농민혁명農民革命이
었다. 안동 사람, 김재봉은 사회주의社會主義에 기반한 이 길을 선택했다. 사
회주의의 북풍이 경성을 거쳐 안동으로 향했다. 레닌의 혁명이념革命理念과
조선공산당 조직전략組織戰略이 북풍에 실려 있었다. 북풍은 종착지, 안동 사
회를 헤집었다. 김재봉의 길은 풍산 우렁골의 이준태를 통해 권오설, 김남수
로 이어졌다. 농민혁명의 전위조직前衛組織은 화성회火星會와 풍산 소작인회豐
山小作人會였다. 김남수는 화성회, 권오설은 풍산 소작인회를 이끌었다. 조선
의 농민운동은 안동에서 시작됐다.

　　안동에는 신분제身分制가 폐지됐으되 반상班常이 살아 있었다. 신분제를 유
지하려는 양반들의 집착은 집요했다. 지주와 소작인은 반상班常의 다른 이름
이었다. 양천良賤과 반상班常과 지주와 소작인이 격렬하게 충돌했다. 안동의
기층사회基層社會가 요동쳤다. 5백년을 강고하게 버티어온 조선의 모든 구조

막난 권오설선생   학산 김남수선생

가 한꺼번에 무너졌다. 망국의 땅에서 체제와 경제와 신분과 사조가 급변하
는, 새로운 사회가 축조築造되고 있었다.

　　1923년 11월, 안동지역 소작인들의 결사結社, 풍산 소작인회가 출범했다.
회원은 5천여 명에 달했다. 소작인들의 결사를 주도한 청년 지식인들은 모
두 양반가에서 나왔다. 풍산 우렁골의 이준태, 풍산 가일마을의 권오설, 와룡
외내마을의 김남수가 그들이었다.
　　풍산 소작인회는 소작에 따른 정당한 이익 배분을 요구했다. 조선에 이름
난 양반 문중도 거침없이 압박했다. 양반들이 분노했다. 반상의 법도가 무너
졌다는 개탄이 이어졌다. 풍산 소작인회는 실력행사에 들어갔다. 1924년 안
동에서 벌어진 풍산소작쟁의豊山小作爭議였다. 문중 차원의 정면 대응이 시작
됐다.

　　우리 일문이 조선에 혁혁한 양반의 종족으로 무뢰배의 집단인 소작회를

박멸撲滅하지 못하면 체면상 큰 오손汚損이라 하여 완의完議를 아래 같이 정하였는데, 근래 소작회의 폐단이 들을수록 놀랄만하며 우리 종중宗中에도 역시 그 회에 참가한 자가 있다함으로 특히 종회를 열고 결의함이니, 이후 만일 완의에 범하는 자가 있으면 우리 사당에 들어오지 못하게 할 것이오. 또한 길에서 만나더라도 동족으로 대우하지 아니할 것이니 각각 준행遵行하기를 바라노라.[1]

양반 문중들은 풍산 소작인회 와해 공작에 들어갔다. 어용소작인회御用小作人會를 만들어 소작인들의 가입을 강요했다. 기업의 노조 와해 공작과 다르지 않았다. 경고문을 붙이고 어용 조직을 만들고, 회유와 협박을 이어갔다. 갈등의 마지막 절차는 예나 제나 한 가지, 고소였다. 재판이 시작됐다. 동아일보는 풍산 소작쟁의 재판을 상세하게 보도했다. 대구지방법원 2호 법정, 구속 피고인은 6명, 기타 다수는 불구속 상태였다. 판사의 사실 심문이 시작됐다. 피고가 된 소작인의 진술.

소위 지주라 하는 자들은 너무나 소작인들을 착취하여 자기의 배를 불리고 나중에는 마음대로 소작권을 페임으로 소작인들의 생활을 보장할 수 없으며 또는 피땀을 흘리어 농사를 지어놓으면 6할 내지 8할의 소득을 가지고 감으로 우리의 노력에 상당하도록 나누어 먹자 함이오. 조금도 업무방해는 아니오.[2]

일제는 모스크바 발 신사조新思潮를 두려워했다. 농민운동이 확산되면 인민봉기로 이어질 수도 있었다. 일제의 법정은 양반 문중을 편들었다. 기소된

1 『조선일보』, 1924.7.23.
2 『동아일보』, 1924.10.9.

소작인들에게 징역형을 선고했다. 풍산 소작인회와 문중간의 소작쟁의는 곳곳에서 이어졌다. 와중渦中에 서원의 소작인 폭행 사건이 불거졌다. 형틀에 묶어놓고 볼기를 치는 태형笞刑이었다.

> 경북 안동군에 잇는 ○○서원의 재임齋任들은 소작인 3명을 잡아다 놓고, 양반이 부르는데 즉시 오지도 아니하고 겸하여 도조賭租는 왜 이때까지 바치지 아니하느냐고 호령을 추상같이 한 후, 예전 시대에 양반이 상놈 잡아먹던 역사적 유물 형틀에다 매달고 한 차례씩 단단히 때린 후, 한참 두었다가 저녁밥을 먹은 후 또 한 차례 난타하고 그곳에 가두어 밤을 새인 후 그 이튿날 아침에 돌려보냈다는데....[3]

국치國恥 이후 15년, 안동 의병의 시대정신時代精神은 잊혀졌다. 안동에 안주한 일부 유림은 조선으로 역류했다. 반상의 차별은 당연지사當然之事였다. 급변하는 시대를 읽지 못했고, 따라갈 생각도 없었다. 의병 정신을 망각한 유림의 행태가 화를 불렀다. 망한 조선의 유령이 서원과 문중에 떠돌고 있었다. 사회주의의 신사조는 퇴마退魔의 주술이었다. 화성회火星會와 풍산 소작인회가 진상조사에 나섰다. 급기야 서원철폐 운동이 시작됐다.

화성회와 풍산소작인회가 곳곳에 뿌리고 붙인 성토문聲討文은 쌍욕에 가까웠다. 서원書院은 서원棲猿(원숭이가 사는 곳)으로, 원장院長은 원장猿長(원숭이 우두머리)으로, 소작인에게 태형을 가한 재임齋任을 광견狂犬(미친 개)이라 불렀다.

서원은 소작인 태형笞刑에 대해 사과했다. 서원철폐운동도 진정됐다. 그러나 '원숭이와 미친개들이 사는 곳'이라 조롱받던 서원은, 여전히 '망하지 않은 조선'에 갇혀 있었다. 소작인 태형사건이 일어난 지 1년 만에 또다시 노

---

3 『조선일보』, 1925.10.20.

비 태형 사건이 일어났다.

경북 안동군 ○○서원에서는 지난 11월 18일에, ○○○가 서원의 노비를 불러 사랑채 앞에서 태형을 가했다. 이번에 예천 ○모가 원장으로 당선된 데 불만을 품고, 죄 없는 노비를 불러 그 원장을 추천한 ○○○의 이름을 써서 노비의 볼기에 붙여 놓고 이렇게 무리한 태형을 가하였다.[4]

김재봉과 권오설이 주도한 1차 조선공산당이 무너졌다. 조선공산당의 강력한 지지 기반이던 안동의 화성회火星會도 타격을 입었다. 모스크바 발 북풍北風을 바라보는 시선도 차가워졌다. 위기였다. 1927년 4월, 화성회는 해체를 선언하고, 좌우연합체인 신간회新幹會 안동지회로 들어갔다. 신간회 안동지회는 풍산 소작인회의 농민운동을 지원했다. 서원에 이어 향교鄕校 철폐 운동도 전개했다. 북풍의 외형은 봉건 잔재 청산과 대중계몽이었고, 실체는 조선공산당 건설이었다.

신간회 안동지회 제2회 정기대회
(출처 : 안동문화 FEEL)

---

4   『동아일보』, 1926.12.1.

굶어 죽으나 맞아 죽으나...살길은 만주滿洲

　　조선을 지탱하던 계급은 무너졌지만, 조선의 구석진 곳, 안동의 노비는 여전히 태어난 자리와 고을을 버리지 못했다. 노비들은 태어난 자리에 있거나 소작小作으로 살길을 찾았다. 인구 15만 명의 안동지역에 소작인이 10만 명이었다. 소작인의 삶은 갈수록 힘이 들었다.

　　경북 안동군에 거주하는 소작인들의 생활 상태를 들어보면 경작지 매호에 평균 논 5두락으로써 소작료와 지세 등을 제외하고 나면, 소득된 실수입은 1두락에 평균 10두씩 1호당 50두라는 바, 이것을 다시 매인별로 분배하면 일인당 10두에 불과하게 되어 현 시세에 따라 타산한즉, 7원 내지 8원에 지나지 못하는 터인데 앞으로 음력과세를 하기까지 70여 일이 격하였으므로 하루의 생활비가 10전씩이면 근근이 명은 될 수 있으나 과

세한 후 정월 초하루부터는 무엇을 먹을까 무엇을 입을까 하는 참경이며[1]

하루 10전(요즘 2천원) 남짓한 수입으로 겨울을 나고, 설이 지나면 그마저 동이 났다. 참담했다. 겨우 목숨만 이어가던 안동지역 소작인들에게 가뭄까지 겹쳤다. 1928년이었다. 미증유未曾有의 참상이었다. 모내기 철인 6월 11일부터 7월 24일까지 40일간 내린 비는 겨우 168모粍(mm)였다. 5년 평균 강우량의 절반 수준이었다. 경북도내 수도작水稻作 면적 18만3천6백 정보 가운데 5만 정보에 모내기를 못했다. 안동에서는 안동, 와룡, 풍북, 풍서, 길안, 동후, 도산, 임하 등 8개면의 모내기 면적이 30%도 되지 않았다. 도내 전체로 벼 50만석이 감수減收될 것이란 예측이 나왔다. 민심은 갈수록 흉흉해졌다. 대사待死의 참경慘景밖에 길이 없다는 자조自嘲가 터져 나왔다.

미米, 맥麥은 한 알도 없고 속粟, 메밀이 주식물이 되어, 죽으로써 1일 2식이 보통이며 심하면 1식밖에 못 먹는 자도 있다. 이재민罹災民은 식량이 없을 시의 준비로 콩잎, 상수리, 무순 같은 것을 저축한다. 그중에는 비교적 식량이 있는 자는 죽으로써 연명하나 오래 계속 못 할 것이며, 심한 자는 속피粟皮(조껍질)를 뭉쳐서 배만 불리려고 먹으나 영양상에는 아무 가치가 없을 것이며, 그것이 목에 넘어가는지는 모르겠다. 궁지에 있는 세민細民을 구제할 필요는 있으나 예산이 없으므로 방침이 없다.[2]

보리밭에 나는 나물은 물론 심지어 잡풀까지도 모두 뜯어먹는 터인데, 부황浮黃이 날 사람도 많을 터이나 아직 그다지 심하지 아니한 것은, 그래도 그동안 두 번의 식량 공급을 받아서 나물이나 풀을 먹어도, 10리에 하

1 『조선일보』, 1927.11.14.
2 『동아일보』, 1928.12.21.

나나 5리에 하나씩이라도 곡식을 좀 섞어서 먹는 까닭에 많은 효험이 있

었다는 바... 앞으로 스무날 내지 한 달 후가 더욱 참혹하리라 하여...[3]

생사의 기로岐路에 선 궁민窮民은 2만여 명에 달했다. 굶주림을 견디지 못
한 아이들은 술도가로 몰려들었다. 술도가 지게미에는 곡기가 있었다. 나물
과 풀만 먹다가는 종래 영양실조로 죽을 터였다. 아이들은 지게미를 먹고 알
콜에 취해 길거리에 쓰러졌고, 지게미통에 들어가 머리를 박고 죽었다. 보
다 못한 안동군은 주박권酒粕券을 발행해서 지게미라도 공평하게 나누도록 했
다. 지옥 같은 세월이었다. 가족은 많고 먹을 것은 없고 빚은 늘었다. 살길
은 만주뿐이었다. 굶어 죽거나 맞아 죽거나 어차피 죽을 터였다. 굶주린 백
성은 줄지어 철도를 따라 떠났다.

지난 24일 해 저물고 찬 바람 부는 오후 6시 50분 차를 기다리면서, 백수
를 흩날리는 육십 노인이 늙은 마누라와 어린 자녀 육남매를 데리고 기
한飢寒에 우는 아들의 울음소리를 달래가면서 정처 없이 떠난 사람이 있
었는데, 그는 안동군 임북면 마동 사는 이○○라는 노인으로, 그 무서운
작년의 한재旱災를 만나서 가족은 많고 먹을 것은 없고 음력 세말이라 빚
진 것은 많아서, 그같이 정처 없이 북만주라도 가면 좀 살길이나 있을까
하여 가노라고 하면서 우는 형상은 차마 눈으로 볼 수 없었다더라.[4]

10만 명이 소작으로 연명延命하는 안동은 처참했다. 굶어 죽고, 맞아 죽고,
얼어 죽는 기막힌 안동에서 화성회와 풍산 소작인회가 빈농貧農의 아픔을 함
께했다. 김재봉과 이준태는 이들을 지원했다. 화성회와 풍산 소작인회가 배

3 『조선일보』, 1929.4.15.
4 『조선일보』, 1930.1.29.

출한 권오설, 김남수는 조선공산당의 대들보였다.

공청(고려공산청년회) 조직부를 책임졌던 권오설은 1차 조선공산당이 궤멸潰滅될 때 겨우 살아남았다. 체포된 박헌영에 이어 공청 책임 비서로 선임됐다. 궤멸된 조선공산당을 재건할 핵심 인물이었다. 권오설은 2차 조선공산당 조직을 이끌며 3·1운동에 버금갈 대규모 민중봉기를 계획했다. 1926년 순종 국장일로 예정된 6·10만세운동이었다. 그가 설계한 6·10만세운동의 주역은 안동사람들이었다.

권오설의 꿈은 거사擧事 사흘 전, 일제에 짓밟혔다. 끔찍한 고문이 이어졌다. 그는 당당하게 일제의 고문을 이겨냈다. 금고 5년형을 선고받고 4년 반이 지난 시점에, 일제는 또다시 그에게 가혹한 고문을 가했다. 모스크바 공산대학으로 유학 갔던 그의 동생, 권오직이 경성으로 돌아온 그때였다. 1930년 4월 17일, 그는 서대문형무소에서 절명絶命했다. 서른세 살이었다. 숨진 날은 조선공산당이 출범한 지 딱 5주년, 그날이었다. 시신은 철관鐵棺에 봉인된 채 평장平葬으로 묻혔다. 고문의 흔적을 덮으려는 일제의 잔혹한 처사였다. 아버지는 3미터가 넘는 제문祭文으로 아들을 보냈다.

막난 권오설선생 기념비   막난 권오설선생 철관

내가 너와 인간 세상에서 부자라는 이름으로 정해진 것이 겨우 33년인데, 이 33년 사이에 일찍이 부자의 정을 나눈 것이 어찌 일찍이 그 삼분의 일이라도 되었겠으며, 노심초사한 기간을 제외하면 실로 10분의 1도 되지 않을 것이다.....좋은 날이나 명절에 사방 이웃에서 노래와 웃음소리가 집집마다 떠들썩하게 들리면 나는 귀를 막아 가리고자 하였고, 백설 같은 떡, 구슬 알 같은 쌀밥이며 사철의 맛 좋은 음식이 반위에 올라도 나는 목구멍으로 내려가지 않았으며, 구곡의 연한 창자가 마치 녹을 듯하여도 오히려 강건한 척한 것이 네 아비였느니라.[5]

권오설이 이끌던 2차 조선공산당이 또다시 무너졌다. 권오설의 평생 동지 김남수가 나섰다. 그는 3차 조선공산당의 조직비서였다. 김남수는 당 조직을 추스르며 권오설을 비롯한 6·10만세운동 관련자들의 구명 운동에 나섰다. 2년 뒤 3차 조선공산당 사건이 불거졌다.

제3차 지하당 사건으로 아버님이 연행, 구금된 것은 1928년 봄으로 추정된다. 그 직후부터 일제 경찰가운데서도 악명 높은 고등계 사상반의 고문이 가해졌다. 그 살인적인 취조과정을 거친 다음 아버지는 경성 지방법원 검찰에 송치된 것이다. 아버지가 연행, 구금되기 전에 일제 경찰은 이미 ML당의 주요 간부들을 체포한 터였다. 그들은 아버지가 지하당의 조직비서라는 사실을 파악하고 있었..... 일제의 검찰이 아버지를 심문하면서 가장 역점을 둔 부분이 바로 당신이 조직비서를 맡은 사실을 진술케 하는 일이었다.....그들은 살인적인 고문을 가하면서 조직비서 취임과 활동내역을 실토하도록 강요했다. 그러나 아버지는 끝끝내 모른다, 그렇

---

5 권오설의 부친 권술조옹의 제문

지 않다로 일관했다.[6]

　권오설이 서대문 감옥에서 일제의 끔찍한 고문으로 숨졌을 때, 김남수도 그 감옥에 있었다. 김남수는 그곳에서 평생의 동지, 권오설이 고문으로 숨져 가리라곤 상상도 하지 못했다. 혁명으로 조선 독립을 꿈꿨던 '안동의 의병들'은, 서로 작별 인사도 나누지 못했다. 느닷없고 덧없는 이별이었다. 권오설이 떠난 뒤, 감옥에서 나온 김남수는 그 후 한 차례 더 일제에 체포됐다. 고문은 여전히 혹독했고, 옥살이는 힘에 겨웠다. 그는 해방 되던 해 3월, 안동 도립병원에서 눈을 감았다. 광복은 보지 못했다. 모진 고문과 옥살이의

근시재 김해선생 기적비(안동 와룡 군자리)

학산 김남수선생 기적비(안동 와룡 군자리)

6　김용직, 『나의 시대 나의 이야기』, 푸른사상사, 2012.

광산김씨 탁청정 종가(안동 와룡 군자리)

후유증이었다. 시신은 목탄차에 실려 고향 외내 마을로 운구됐다. 광산김씨 집성촌인 군자리 마을에는 2개의 기적비가 섰다. 임진왜란의 의병장 근시재 近始齋 김해와 학산鶴山 김남수를 기렸다. 김남수는 안동의병의 연원淵源인, 임란의병장의 후예였다.

낯선 공상工商의 방식....
주식회사株式會社가 길이다

낙동강은 영남지역의 소금길이었다. 시원始原은 알 수 없지만, 아득한 고대 시대부터 소금배는 낙동강을 오르내렸을 터였다. 조선시대 소금배의 종점은 임청각 앞 개목나루였다. 1905년 경부선 철도가 개통됐다. 철도가 소금길을 밀어냈다. 소금배는 경부선 철도와 내륙을 연결하는 연계운송망으로 역할을 바꿨다. 낙동강 하구의 소금과 해산물은 기차로 운송됐다. 안동으로 오는 소금은 칠곡 왜관에서 소금배로 실려왔다. 안동의 물산物産은 소금배에 실려 왜관에서 경부선으로 갈아탔다.

200리 저 밖에 있는 동해의 울진에서 당나귀 등을 이용해서 운반되는 미역, 다시마, 청어, 고등어 등 해산물 외에 대부분의 새 문물이 이 소금배로 운반되었으니 소금배는 다시 없이 반갑고 귀한 것이었다. 우리 동네 앞을 드나드는 소금배는 왜관에서 안동까지 왕래하는 것이 보통인데 작은 배에는 두세 사람 정도, 큰 배는 육칠 명의 기운 센 젊은이들이 밧줄을 어깨에 메고 유달리 거센 우리 동네 앞의 낙동강 물을 거슬러 안동으로 향해 배를 끌어 올리는 것이었다. 안동에서 왜관으로 내려가는 배들은 소금 대신 벼를 비롯한 이 고장의 온갖 농산물을 가득히 싣고 콧노래를 불러가며 가볍게 흘러갔다.[1]

역수행주逆水行舟의 동력은 놋군이었다. 노를 젓지 않으면 역류할 수 없었다. 역류逆流하는 배의 화물貨物은 가벼워야 했다. 강물을 타고 내려 가는 길은 쉬웠다. 순류順流에 실린 화물은 무겁고 많았다.

경상북도 칠곡군 왜관면 석천동 김옥일(21)의 소유인 배로 벼 70석, 콩 46석, 현미玄米 63석을 싣고 뱃사공 5명과 지주 3명이 타고 (낙동강으로 가던 중), 지나간 4일 오전 7시에 안동군 풍서면 기산에 있는 바윗돌에 부딪혀, 승객중 안동군 안동면 송도동에 사는 어떤 사람과 대구부 본정 잡화상 배석기(21) 등 2명이 강물에 떨어져 행방불명이 되었는데....[2]

1920년대, 일제의 회사령이 완화됐다. 자본가들의 활동이 시작됐다. 1911년 전국의 공장은 250개였다. 1920년에 2천 개를 넘었고, 1930년에 4천6백 개에 이르렀다. 안동에도 1920년대 들어 은행과 금융조합, 주식회사株式會社가 잇따라 설립됐다. 일본인들은 고리 사채로 돈을 벌었다. 안동의 산업계는 분주했고, 들썩였다.

1 전성천, 『낙동강 소금배』, 현대문학사, 1976.
2 『동아일보』, 1921.8.10.

금융기관으로는 대구은행지점과 금융조합의 3개소가 있는데 약 100만
원의 금고가 대부되며 일부의 자금을 융통케 합니다....교통으로는 대구
가 220리 점촌이 130리인데 승객 자동차가 매일 누차 왕래하여 철도선
鐵道線까지 연락의 편이 있고...육상 운반으로는 남선운수주식회사가 있
어 화물자동차로 각지의 물화를 운반하고 낙동강에는 조선식 목선이 끊
일 새 없이 경부선 왜관역까지 곡물을 실어 나르고 염류를 실어 올립니
다....지금의 점촌이 종점인 경북선은 불원간 안동까지 연장될 터인즉 교
통은 무한 편리하여질 것입니다.[3]

경부선 김천역에서 갈라진 경북선 철도가 점촌까지 이어졌다. 점촌-예천
구간은 노선이 확정됐다. 머잖아 안동에도 기차가 올 터였다. 신작로新作路에
는 버스와 화물차가 다녔다. 공장이 돌아가려면 전력電力이 필요했다.

경북 안동읍은 삼남 지방의 유수한 소도회小都會로 있지만 아직까지 전
등이 없어 주민들은 항상 불만을 느끼던 바, 거년(1925년) 봄부터 당지 실
업가 16인의 발기로 안동전기주식회사를 창립하고 많은 노력을 하여 오
던 바, 가설공사가 완성되었슴으로 지난달 31일부터 점등이 되었다는
데......점등 신청수가 예상외로 다수라 한다.[4]

안동 산업계의 활기는 전기電氣에서 시작됐다. 안동주조주식회사安東酒造株
式會社는 근대식 공정을 갖춘 공장에서 그간 가양주家釀酒로 제조되던 소주를
대량 생산했다. 상품은 '제비원표 안동소주'와 '송학표 안동소주'였다. 안동
소주는 안동과 제비원을 브랜드로 삼은 최초의 상품이 됐다. 창업자는 대한

---

3 『조선일보』, 1927. 2. 15.
4 『동아일보』, 1926. 1. 5.

제국 말기 법부法部 참서관參書官을 지낸 국담麴潭 권태연(세칭 권참사)이었다.

　　제비원 소주를 만들던 안동주조 공장 자리는 현 구시장 제비원 상가였다. 이곳은 원래 권태연의 개인 정원이었다. 정원에는 제법 규모가 큰 연못과 정자가 있었다. 1920년대 중반 안동주조가 설립되자[5], 권태연은 이 정원의 연못을 메우고 정자를 허물어 소주 공장을 세웠다. 제비원 소주는 민속주 안동소주와 비슷한 증류식, 알콜 도수는 40도 내외였다.

　　제비원 소주는 조선은 물론 만주, 대만, 일본까지 불티나게 팔렸다. 제비원 소주와 안동 탁주의 연간 매출은 60만 원(요즘 120억 원)에 달했다. 전통이

제비원 미륵불 사진　　　제비원 상가(안동소주 공장터)

5　안동주조의 설립 시기는 분명하지 않다. 1927년 2월 조선일보 기사에 처음으로 안동주조가 등장한 것으로 미루어 최소한 1927년 이전에 설립된 것으로 추정된다.

근대화 공정과 결합해 부가가치를 키웠다.

안동 주조는 매우 낯선 공상工商의 방식을 운용했다. '주식을 모아 회사를 만들고', '집에서 빚던 소주를 공장에서 기계로 생산해', '도자기가 아닌 유리병에 상표까지 붙여서', '만주와 일본으로 팔아넘기는', 그야말로 '놀라운 사업'이었다. 안동에서 생산된 소주는 낙동강을 따라 칠곡 왜관으로 실려 갔고, 경부선 왜관역에서 열차로 수송됐다.

1928년(소화 3년)에는 탁주를 대량생산하는 경안양조주식회사가 설립됐다. 자본금 5만 원(요즘 10억 원)이었다.

> 제품의 우량은 전조선 사계斯界에 관절冠絶하야 안동 탁주의 성가가 외처까지 훤전喧傳하는 형편임으로 원방으로부터 동업자의 견학단이 부절不絶하며 대구세무감독국 관할내의 유수한 양조장이다. 이 회사는 물론 영리회사로서의 공고한 반석위에 섰을 뿐 아니라 사장과 전무를 비롯하여 중역 제위의 사회공공사업에 대한 희생적 봉공심奉公心에 의하야 농촌구제, 수해구제, 고객에 대한 이익일부 배당 등 여러 방면에 희사한 것만 하여도 소화 3년 창립 이후에 1만여 원(요즘 2억 원)의 거액을 산하는 터이라 하야 일반의 신망이 날로 커가는 형편이라 한다.[6]

안동 산업계의 활기는 30년대 들어 더욱 고조됐다. 1934년 9월에 자본금 6만 원(요즘 12억 원)규모의 동신상회가 창립됐다. 안동 최초의 백화점이었다. 10월에는 자본금 5만 원(요즘 10억 원)으로 안동산업주식회사가 설립됐다. 제분과 제유, 목재, 곡물 등을 다루는 종합상사였다. 이듬해 2월에는 한약 건재와 제약을 판매하는 남선약재회사도 창립됐다. 자본금 5만 원(요즘 10억 원)이었

6 『조선일보』, 1937.9.22.

다. 화력으로 생산되던 전기도 수력으로 바뀌었다.

안동전기주식회사에서는 현금 사용하는 전기가 화력인 까닭에 전광이 약하고 따라서 경비가 많이 드는 관계상 몇 해 전부터 수력전水力電 이용에 부심하던 중, 금번에 마침 봉화군 소천면 소재의 금정광산회사로부터 동회사에 대하야 20만 원의 거대한 기부가 있어 해지까지 안동전기를 쓰게 되었음으로, 이 기회에 안동읍 옥동에 5백여 평의 기지를 매입하고 대규모의 변전소를 설치케 되었는데, 멀리 경북 청도로부터 전기 소천 금광까지 약 4백여리 사이에 새로이 수력전기 설치를 시작하게 되어, 방금 그 공사는 의성군에까지 이르렀으며 불원간 안동을 거쳐 목적지인 금정광산에까지 들어가려는 바, 오는 11월 하순이라야 그 준공을 보리라 한다.[7]

7 『동아일보』, 1934.9.20.

경북선慶北線, 안동으로 진입하다

　안동의 서원에서 죄 없는 소작인과 노비에게 매타작을 하던 그때, 소작인과 노비는 매를 맞으며 "정처 없는 말이, 정처 있는 말속에 스며서, 정처에 자리 잡는, 말의 신기루 속을 들여다보고 있었다."[1] 신기루는 멀리 있지 않았다. 그 신기루로 데려다 줄 기차가 안동으로 빠르게 달려오고 있었다.

　경부선 김천역에서 분기分岐한 철도는 식량과 석탄과 목재 산지로 방향을 잡았다. 김천에서 안동으로 이어지는 경북선은 산업선産業線이었다. 쌀과 석탄과 목재 산지를 따라 철도가 놓였다. 1924년 10월 1일, 김천에서 상주, 점촌으로 연결되는 경북선 1구간이 개통했다. 4년 뒤 점촌, 예천 구간이 뚫렸다. 상주는 쌀, 점촌은 석탄, 예천은 목재 산지였다. 여객과 화물과 돈이 철

1　김훈, 『남한산성』, 학고재, 2007.

도를 따라 왔다. 철도에 기반한 계열사가 늘어났다. 철도는 육로陸路의 여객 회사도 집어 삼켰다.

> 조선 철도회사에서는 자본금 120만 원의 자동차회사를 창립하기로 하고 불원간 인가신청의 수속을 할 모양인데, 종래 영업권을 가진 재등 자동 차 상회와 경북 자동차 상회를 신 회사에서 매수한 후, 새로이 양 자동차 상회는 각 30만 원씩 출자케 하고 조선회사는 60만 원의 출자를 담당하 야 120만 원의 주식을 조직하고 창립이 인가되는 대로 영업을 개시할 예 정인데...[2]

조선 자동차회사는 철도가 없는 공간을 연결했다. 경부선과 경북선을 연 결하는 육로 운송망을 조밀稠密하게 구축했다. 대구-안동, 대구-상주구간을 연 결하고, 안동과 상주를 중심으로 인근 지역의 운송망運送網을 구성했다. 철도 에는 일제 기차가 있었고, 도로에는 일제 버스가 다녔다. 철도와 도로를 장 악한 일제 자본의 자산이 눈덩이처럼 불어났다. 모든 이동 수단은 일제의 손 아귀에 있었다.

문명의 충격이 문명의 표준을 바꿨다. 일제가 들여온 철도가 지역의 새로 운 문명표준이 됐다. 문명과 미개의 차이는 철도가 있는 곳과 없는 곳의 차 이였다.

> 그것은 문명의 소리다. 그 소리가 요란할수록 그 나라는 잘 된다. 수레바 퀴 소리, 증기와 전기기관 소리, 쇠망치 소리……이러한 모든 소리가 합

---

2 『조선일보』, 1928. 1. 22.

일제 강점기 여객 버스(출처 : 경북기록문화연구원)

하여서 비로소 찬란한 문명을 낳는다.[3]

철도는 문명의 소리요 척식拓殖의 열쇠라 믿었다. 지역을 발전시키고, 지역 발전이 백성을 잘 살게 할 것이라는 기대와 희망이 부풀었다. 신기루였다. 지역은 발전하되 발전의 수혜자는 일제의 자본이었다. 식민지 조선의 언론은 철도를 경계했다.

> 빈한한 농촌의 남녀 농민들이....기차를 보고 나서 무슨 큰 수나 생긴 듯이 좋아 날뛴다. 십리를 가도 기차, 오리를 가도 기차, 발에 흙 한 점 아니 무치게 되었으니 얼마나 좋으랴? 그러나 기차개통이 암만 좋더라도 산촌 농민에게는 하등 관계가 없다. 우리와 같이 경제와 지식이 빈약한 처지로는 기차개통에 따라서 도리어 해가 있을지도 모른다. 주머니 지키던 동전 한 푼이라도 더 갖다 없애게 되고 궐련 한 개라도 더 사먹게 된다. 그뿐인가 형제들이 대대로 내려오며 몇 마직이 가지고 있는 양전옥답조차 날라가기가 쉽다. 기차의 그림자를 보아라! 모든 세력을 가지고 있지 아니한가? 그 뒤에는 금전이 있고 또 기계가 있어 모든 것을 노려본다. 필경 우리들은 만주 별판이나 시베리아 별판으로 쫓기어가고 말 것이다.[4]

1931년 10월 16일, 김천-안동간 경북선을 타고 마침내 기차가 안동으로 진입했다. 경북안동역(만주의 안동과 구분하기 위한 명칭)은 경북선의 종착역이었다. 기차는 반상班常과 양천良賤을 구분하지 않았다. 기차는 매를 주문하던 양반과 매를 치던 아전과 매를 맞던 노비가 마주 앉아, 같은 눈높이로 같은 풍경

---

3 이광수, 『무정』, 북앤북, 2009.
4 『조선일보』, 1928.11.13.

을 바라볼 수 있는 평등의 공간이었다. 양반과 아전과 노비와 백정은 같은 공간에서 같은 풍경을 바라보며, 각기 다른 세상을 꿈꾸고 있었다. 망한 조선의 망하지 않은 조선, 안동 사회가 바야흐로 바뀌고 있었다.

경북선 개통 보름 뒤, 11월 1일부터 개통축하회가 닷새 동안 이어졌다. 첫날 축하식에 이어 시민운동회, 연예회, 생화 전람회 등 온갖 행사가 펼쳐졌다. 행사비 1천250원(요즘 2천5백만 원)은 조철 회사와 철도기성회, 시민 기부금으로 충당했다.

경북선의 기차는 안동, 김천 구간을 매일 다섯 차례 왕복했다. 안동에서 출발하는 기차는 새벽 5시 5분부터 오후 4시 50분까지 다섯 차례였고, 김천에서 출발한 기차는 오전 9시 42분부터 오후 10시 30분까지 다섯 차례, 안동에 도착했다. 안동에서 김천까지는 4시간 남짓 걸렸다. 운임은 1원 18전(요즘 2만 원)이었다.

'철도는 합리적 이성과 과학혁명의 산물'이었다. 축지縮地로 이동시간을 단축시켰다. 일상에 규칙성을 부여했다. 기차는 정해진 시각時刻에 출발했고 약속한 시각에 멈췄다. 기차를 타려면 분 단위의 시각時刻과 1분의 길이를 이해해야 했다. 5시 5분과 9시 42분의 개념은 몹시 어려웠다. 사람들은 차차 기차 시각에 맞춰 일상을 분배했다. 기차가 시간을 지배했다.

경북선이 개통된 1931년 말, 하루 평균 100명이 안동역에서 떠났고, 165명이 안동역에 내렸다. 화물은 하루 평균 67톤이 실려 갔고, 22톤이 실려 왔다. 오는 것보다 가는 게 3배나 많았다. 풍산 평야의 쌀과 보리가 경북선을 따라 일본으로 실려 갔다. 여객 운임만 하루 평균 100원(요즘 2백만 원)을 넘었다. 화물을 합해 수백만 원의 현찰이 안동역에 쌓였다. 현찰을 보관할 금고가 필요했다. 사토사社가 쇼와昭和시대에 제작한 대형 금고가 안동역에 들어왔다. 조선철도회사의 금고는 지금까지 안동역에 남았다. 일제의 망령은 물경勿驚 90년이나 이어졌다.

안동역 일제강점기 금고

안동-김천간 경북선은 장사가 잘됐다. 일제의 자본은 공상工商의 이치를 알았다. 승객과 화물을 분리했다. 2만 원(요즘 4억 원)을 들여 60명의 승객을 태울 수 있는 최신식 기동차를 투입했다. 개통 이듬해 1월 21일부터 안동-김천 구간을 매일 왕복했다. 안동에서 김천을 거쳐 대구까지 가는 직통열차도 투입했다. 운임은 2원 75전(요즘 5만 원)이었다. 경북도청으로 볼 일 보러 가는 사람들이 주고객이었다.

노비에겐 본래 나라가 없었다. 양반은 제나라를 잃었다. 일부는 만주로 떠났고, 일부는 죽은 듯 살았고, 일부는 일제에 협력했다. 그도 저도 아닌 양반은 소작농이 됐다. 아전은 굳이 나라를 따져야 할 이유가 없었다. 새나라의 정부는 조선총독부였다. 나라를 따지는 것보다 돈을 셈하는 것이 훨씬 쉽고 편했다.

안동군청과 경찰서, 재판소, 형무소가 모여 있던 안동면安東面으로 사람들이 몰려들었다. 인구 1만5천 명을 넘어선 1931년, 안동읍소가 개청했다. 그해 가을에 개통된 경북선은 안동읍의 도시화를 촉진했다.

날로 발전하여 가는 안동을 충실하게 하기 위하야, 수년 전부터 도당국에 진정을 하느니 각 방면으로 노력을 거듭하던 중, 위선 금년 중 사업으로

28만 원(요즘 56억 원)을 들여 낙동강 인도교를 놓고, 12만 원(요즘 24억 원)으로 농림학교를 신축하고 2만8천 원(요즘 5억6천만 원)으로 안동도립의원을 증축하며, 6만여 원(요즘 12억 원)으로 농업창고와 기타 시장 설치 등 공사를 진행 중이며 그 외에도 안동 발전을 위한 큰 공사가 많으리라 한다.[5]

요즘 시세로 100억 원대의 공사가 펼쳐졌다. 노임에 밥값에 술값에, 안동 읍내에 돈이 풀렸다. 농사를 짓지 않아도 먹고 살길이 열렸다. 1933년에 안동 공설시장이 설치됐다.(12월 3일 준공) 안동읍 당국이 일만 팔천 원(요즘 3억6천만 원)의 기채를 냈다. 읍내 중심부에 있던 군용지 사천 평을 사들여서 이 자리에 378칸의 노점건물을 지었다. 장날에 노점을 사용하면 하루 20전의 사용료를 냈다. 시가지 도로도 정비됐다. 법상동에서 역전 형무소로 이어지는 도로가 확장됐다. 읍내 중심부에는 소방용 우물이 설치됐다. 읍민들은 이 물을 식수로 썼다. 우물 옆에는 부종대(화재 감시탑)가 섰다.

낙동강 인도교(1934.12.14. 동아일보)

---

5 『동아일보』, 1933.6.3.

이듬해 낙동강 인도교가 준공됐다. 길이 618미터, 높이 10미터 규모, 공사 기간 15개월에 공사비 28만 원(요즘 56억 원)의 대규모 사업이었다. 1934년 12월 15일에 초도식初渡式이 열렸다. 안동지역 최고 복인福人으로 선정된 3대 부부 김장환씨와 김진동씨 일가족이 선두에 섰다. 경북도지사 등 수천 명이 '장사長蛇의 열을 지어' 다리를 건넜다.

경북선慶北線과 중앙선中央線...
부동산 투기의 광풍

중앙선 건설 소문은 경북선 공사 때부터 돌았다. 풍문에 실려 온 중앙선 노선路線은 경성에서 충주, 단양, 예천, 안동을 거쳐 의성, 대구, 마산으로 이어졌다. 중앙선 안동역사安東驛舍는 서부지역(현재 당북동 일대)에 들어선다고 했다. 부동산 투기 바람이 몰아쳤다. 브로커들은 안동역이 이전하면 땅값이 최소 서너 배는 뛴다고 투기를 부추겼다. 한 평에 2원(요즘 4만원)도 되지 않는 땅이 최저 3원 이상의 고가로 팔렸다.

1936년 5월에 청량리, 안동, 영천으로 이어지는 중앙선 노선이 확정됐다. 새로 확정된 중앙선은 대구와 마산으로 간다던 예정노선과 다르게 영천. 경주로 이어졌다. 대구로 가려면 다부원을 넘어야 했다. 경사가 심하고 터널 공사도 필요했다. 다부원을 피하다 보니 노선이 신령, 영천으로 변경됐다. 마산노선 대신 경주, 부산으로 변경됐다. 대구와 마산 주민이 궐기대회를 열었다. 대구상공회의소 회장 등은 총독부로 올라가 중앙선 노선의 복원을 요구했다. 중앙선 건설에 대구와 마산이 배제되면 도시발전에 불이익을 받는 다고 항의했다. 영덕에서는 김천-안동간 경북선을 강구까지 연장하라는 요구 가 빗발쳤다.

> 안동-강구간 철도부설은 산업개발에서 중요성을 갖는데, 강구는 경북 동
> 해안의 유수한 어항으로 철도가 부설되면, 해산물만 연 100만 톤이며 영
> 덕의 광산물과 농산물까지 합하면 200만 톤에 달해 장래 무역항으로도
> 발전할 수 있다.[1]

중앙선 안동역사安東驛舍도 소문과는 달리 서부지역으로 가지 않았다. 총독 부 철도국은 경북선 역사를 같이 쓰기로 결정했다.

> 중앙선이 군용철도로서의 제1중요성을 가진 이상, 군대 이동 때 수삼십
> 대의 차량을 달게 되면 그 차량의 절반 이상이 낙동교상에 서게 될 불편
> 이, 서부에 정거장을 두지 않는 큰 이유로 되는 모양이다.[2]

낙동강 철교와 일직선으로 안동역의 플랫폼을 설치하면 남북방향의 종심 縱深이 짧았다. 대개 30량 이상인 군용열차의 절반이 낙동강 철교 위에 서게 된다는 것이 서부지역 이전 불가의 이유였다. 경제적인 이유도 컸다. 안동역 일원에는 1914년부터 일본인 소유의 토지가 늘었다. 경북선 안동역이 생겼 을 때, 안동역에서 군청으로 이어지는 공간은 이미 일본인 중심의 상업지역

---

1 『동아일보』, 1936.6.26

2 『동아일보』, 1936.8.25.

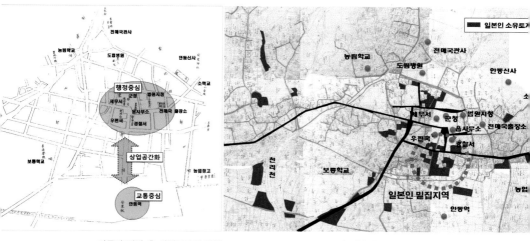

안동역 건립 후 상업공간의 변화 　　　　　 1914년 일본인 토지와 1930년대 건축물

으로 자리 잡았다.[3]

　'굴러온 돌이 박힌 돌을 뺄 수는 없는 법', 안동역이 서부지역으로 이전할
수 없다는 점은, 철도를 먼저 경험한 일본인들은 알고 있었다. 이전 소문을
내고 이득을 챙긴 쪽은 일본인, 당한 쪽은 조선인이었다. 일본인을 대신해
바람을 잡았던 조선인 브로커는 '창황실색愴惶失色하여' 난리가 났다. 안동역
사 이전이 좌절된 데 따른 반감은, 조선방직 조면繰綿 공장의 서부지역 유치
로 겨우 무마됐다. 직공 5백 명을 고용할 것이란 장밋빛 청사진이 안동 읍민
을 설레게 했다.

　　중앙선이 안동읍을 통과함에 따라서 앞으로는 이 지방의 공업발전도 괄

3　김기철,「안동 도시공간구성의 변천에 관한 연구」, 대구대학교 대학원, 2013.

목할 바 있으리라는 예측하에, 부산 조선방적회사에서 당지에 조면 공장
을 설치코저 오랫동안 안동읍과 그 위치 결정에 대한 협의를 거듭하여
오는 바, 지난 8월 15일에 이르러 안동읍 법룡사 서편에 총부지 육천평
을 매수키로 결정되었으며, 동 지주측과 지가평정을 겨우 끝마쳤는데 평
당 2원 30전(요즘 4만여 원)으로 낙착되었다. 동 공장건설은 총공비 30만
원(요즘 60억 원)을 들여서 불원간 착수한다는 바, 이 조면 공장이 설치되므
로 말미암아 한산한 안동읍의 서부지대가 발전되리라고, 일반 주민들은
큰 기대를 갖고 있다 한다.[4]

조면 공장을 세울 조선방직은 노동력 수탈收奪의 전위대前衛隊였다. 자본
의 주인은 일제였다. 앞서 1930년 1월에 일어난 부산 조선방직의 총파업總罷
業은 노동력 수탈의 현장을 적나라하게 드러냈다. 조선방직 노동자들은 사측
에 12개 요구 조건을 내걸었다. 임금을 80전(요즘 1만6천 원)으로 인상할 것, 하
루 8시간 노동제 실시, 해고제 폐지, 직공에 대한 벌금제 폐지, 식사 개선, 조
선인과 일본인의 차별 대우 폐지 등이었다. 조선방직 파업이 드러낸 현실은
최악의 노동조건이었다. 동아일보는 안동 서부지역의 환호에 냉소冷笑했다.

서부 부근의 주민은 맹렬히 운동하야 공장의 서부 설치에 성공하였다고
기뻐하는 기색이다. 조면 공장이 그들의 주문대로 얼마나 굉장한 이익을
재래할까. 오백의 직공이 잔반냉다殘飯冷茶를 얻어 먹게나 될 것이 이익이
라고 할까. 오늘날 우리의 생활이 이처럼 가련할 줄이야, 석일昔日 웅도
안동의 건설자가 몽상夢想인들 하였으랴.[5]

---

4   『동아일보』, 1936.8.19.
5   위의 글.

1936년 연말 청량리와 영천에서 동시에 중앙선 철도공사가 시작됐다. 중
간지점인 안동에도 철도건설사무소가 설치됐다. 철도 부설敷設과 안동역사安
東驛舍 증축공사, 평화동 철도 관사촌官舍村 조성공사가 한꺼번에 시작됐다. 급
선무는 낙동강 철교 가설이었다. 34만 원(요즘 70억 원)을 들여 이듬해 봄부터
공사를 서둘렀다. 학생들이 염천炎天에 낙동강 백사장에서 철도 자갈을 줍고
침목枕木을 깔았다.

안동 읍내 사립 화산학원은 지난 여름방학 때 남학생 수십 명이 근로보
국대勤勞保國隊를 조직해 8월 21일과 22일, 25일 세 차례에 걸쳐 염천노동
을 하였다. 이들은 날마다 낙동강 백사장에서 조약돌을 주어 한 곳에 모
았는데, 중앙선 철도공사에 도움이 되었다. 특히 안동에서는 근로보국대
의 효시여서 관계당국의 기대가 크다고 한다.[6]

철도노선이 2개로 늘었다. 안동역도 규모를 늘려야 했다. 철도용지 7만 평
을 매입하고, 철도 관사와 철도 공원 용지 4만5천 평도 사들였다. 20만 원(요

안동화산학원 근로보국대의 자갈 줍는 모습(1938.9.3. 동아일보)

6 『동아일보』, 1938.9.3.

즘 40억 원)이 들었다. 낙동강을 가로지르는 철교 공사도 이어졌다. 사업비 34만 원(요즘 68억 원)의 대규모 공사였다. 수백 명의 인부가 물밑의 지반을 파서 교각을 세웠다. 낙동강 철교의 길이는 8백미터, 높이는 10미터였다.

중앙선 공사가 시작되면서, 안동 읍내에만 요즘 가치로 수백억 원대의 부동산 거래와 건설공사가 이어졌다. 개발붐을 타고 안동 읍내 인구는 하루가 다르게 늘어났다.

이 시세를 틈탄 안동의 재벌들은 경쟁적으로 셋집 짓기를 시작하였는데, 최근에는 건축부지 매입을 두고 쟁탈전에 들어갔다.… 셋집이 그렇게 많이 늘어났는데도 아직도 셋집을 구하지 못해 어려움을 겪는 서민들이 많다.[7]

중앙선 신설계획이 발표된 이후 최근 수년 동안 안동읍의 토지경기는 실로 공전의 대활황을 보이고 있다.…이 기회를 틈탄 일부 무직군이 복덕방이라는, 전에 없던 새 간판을 걸고 각종 매매소개 등의 활동을 개시하고 있다. 복덕방 허가를 얻어 영업하는 곳이 안동 읍내에만 10여 곳, 간판을 걸지 않고 활동하는 자는 수십 명이라 한다.[8]

1935년 당시의 안동 인구는 16만 724명. 근 100년이 지난 요즘과 비슷한 규모였다. 기차가 들어온 안동의 1930년대는 문명의 시대였다. 부동산투기에 복덕방이 난무했고, 경쟁적으로 셋집을 지었다. 모두 일제가 이식移植한, 낯선 경제방식이었다. 문명사회에서 일어나는 모든 일들이 폭발하듯 한꺼번에 다가왔다.

---

7 『동아일보』, 1937.6.12.
8 『동아일보』, 1937.6.25.

VIEW OF THE FAMOUS PLACE, ANTOU

（其ノ二）景全街市內邑東安 （勝名東安）

VIEW OF THE FAMOUS PLACE, ANTOU

（其ノ一）景全街市內邑東安 （勝名東安）

1930년대 안동읍내 전경(출처 : 경북기록문화연구원)

안동 평화동 철도관사(출처 : 경북인뉴스)　　　　　안동 평화동 철도관사촌

　　당시 평화동에 조성된 철도관사는 2백여 동이었다. 관사촌에는 8m폭의
간선도로가 있었고, 단지 곳곳에 6m너비의 진입로가 있었다. 일제의 표준설
계도에 따라 6등급(25.7평)과 7등 갑(20.8평), 7등 을(18.9평), 8등급(14.5평)등 4개
등급의 관사가 건립돼 직원들의 직급에 맞게 배정됐다.[9] 평화동 철도관사는
일본인의 의식 속에 수세기 동안 뿌리 내린 계층 제도, 즉 '각자에게 알맞은
위치'를 반영했다.

　　일본인을 이해하기 위해서는 먼저, '각자가 알맞은 위치를 갖는다take
　　one's proper stations'라는 말이 무엇을 뜻하는 가에 관한 일본인의 견해
　　를 알아야 한다.…계층 제도야 말로 인간 상하관계 및 인간과 국가의 관
　　계에 관해, 일본인이 품고 있는 관념 전체의 기초가 되는 것이다.[10]

9　　이철영, 「일제시대 철도관사 제도 연구」, 울산과학대학교, 1996.
10　루스 베네딕트, 『국화와 칼』, 을유문화사, 2008.

철도관사에 배정된 등급은 일본의 계층을 의미했다. 그 계층은 곧 일제가 조선을 바라보는 시선이었다. 조선 백성은 이등 국민이었다. 평화동 철도관사에는 이등 국민과 같이 살 수 없다는 일제의 계층의식階層意識이 반영돼 있었다. 이등 국민은, 범접할 수 없는 일등 국민의 공간이 부러웠다. 일등 국민의 공간은, 1938년 안동 동부동에 설치된 신사神社 주변에도 조성됐다. 공간의 차별이 일제에 더욱 협력하도록 하는 동기를 유발했다. 기차가 이미 들어온 안동에서 문명과 미개의 차이는 이제 일본인 주택과의 거리에 있었다.

철도를 따라 돈이 움직였고, 낯선 경제방식이 돈을 불렀다. 돈을 따라 사람이 움직였다. 조선의 학습효과는 크고 빨랐다. 공상工商하는 법을 배운 조선은 자발적으로 혼혈混血을 생산했다. 이제까지 존재하지 않았던, 어디에도 소속되지 않은, 새로운 존재가 태어났다. 문명의 소리를 따라 군화 발자국 소리도 점차 또렷해지고 있었다.

철도 위의 빈농貧農 – 디아스포라의 서사敍事

1931년 만주사변이 터졌다. 중일전쟁의 전운戰雲이 감돌고 있었다. 경북선은 산업선이었다. 일제는 강제징병强制徵兵이 필요했고, 이들을 전선으로 실어 나를 철도가 시급했다. 중앙선은 군사수송 목적의 종관선縱貫線이었다.

일제는 안동 사람을 동원해 안동에 철도를 부설하고, 안동의 젊은이들을 징집해 전선으로, 북해도로, 남양군도南洋群島로 실어 날랐다. 부역賦役과 수탈收奪에 짓이겨져 나오는 신음과 비명은 철도의 굉음에 묻혔다. 문명의 소리를 앞세운 제국주의의 몸짓은 날랬고, 시끄럽지 않았다.

철도를 따라온 제국주의가 사나운 발톱을 드러냈다. 토지수탈은 소작료 갈취로 이어졌다. 동양척식회사의 소작료는 평균 수확량의 60%에 달했다. 일본인 지주와 조선의 신흥 지주들은 70%에서 80%를 챙겼다. 비료와 지세地稅를 부담하고 지주의 부역賦役까지 대신하면 실제 소작료는 90%에 육박했다. 소작쟁의가 잇따랐다.

일제와 손잡은 아전과 머리 좋은 노비가 '새 양반'이 됐다. 돈이 양반을 만들었다. '새 양반'은 일본이 만들어준 새로운 나라가 좋았다. 사농공상士農工商을 근본으로 알았던 양반은 공상工商하는 법을 알지 못했다. 새 양반들은 소작료를 지렛대 삼아 돈 없는 양반들을 희롱했다. 그들은 "그 무덤 밑에 있는 불쌍한 은인의 썩다가 남은 뼈를 생각하고 슬퍼하기보다는, 그 썩어지는 살을 먹고 자란 무덤 위의 꽃을 보고 즐거워하였다."[1]

소작농에 대한 수탈은 더욱 가혹해졌다. 일제 혹은 일제와 결탁한 매판자본買辦資本은 끊임없이 소작료 인상을 요구했다. 응하지 않으면 소작권小作權을 박탈했다. 농사를 지으면 지을수록 가난해지는 역설逆說을 소작농들은 이해하지 못했다. 소작농의 '보릿고개'는 매년 힘이 들었다.

불미골 골안에 뻐꾸기 애타게 울어
앞개울에 버들가지 무료한 하루 해도 깊었다.

허기진 어린애들 양지쪽에 누어 하늘만 보거니
휘늘어진 버들가지 물오름도 부질없어라.

땅에 붙은 보리싹 자라기도 전 단지 밑 긁는 살림살이
풀뿌리 나무껍질을 젖줄삼아 부황난 얼굴들이여

옆집 복순이는 칠백냥에 몸을 팔아 분 넘친 자동차를 타더니
아랫마을 장손네는 머나먼 북쪽길 서글픈 쪽백이를 차고

어제는 수동할머니 굶어죽은 송장이 사람을 울리더니
오늘은 마름집 곳간에 도적이 들었다는 소문이 돈다.[2]

갑술년(1934년)에 안동에 큰 수해가 났다. 7월 23일 아침부터 낙동강 물이 급속히 불어나 오후 3시 반 무렵 제방이 붕괴됐다. 탁류가 달리는 말처럼 읍내로 들어와 오후 4시 무렵에 읍내는 고지대를 제외하고 모두 침수됐다. 안동역사의 수심이 2에 달했고, 안동형무소 앞 도로는 2를 넘었다. 읍의 서남쪽 낙동강 기슭에 있던 영호루는 이때 유실됐다. 안동 인도교 가설작업을 하던 인부 수십 명이 큰물을 피해 영호루로 피신해 있다가 영호루와 함께 떠내려 갔다. 안동읍내 전체가 폐허가 됐다.[3]

수해는 참혹했다. 강물을 막아주던 제방 3천여 미터가 흔적도 없이 사라졌다. 영호루와 함께 급류에 휩쓸려 사라진 사람들은 시신도 찾을 수 없었다. 읍내 850채의 가옥이 무너졌고 1천4백여 채가 물에 잠겼다. 이재민은 3천5백여 명에 달했다.

읍내를 벗어난 농촌지역도 참상은 마찬가지였다. 집과 전답이 모두 유실

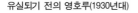
유실되기 전의 영호루(1930년대)

현재의 영호루

1 이광수, 『무정』, 북앤북, 2009.
2 세림 조동진(조지훈의 형), 실춘보, 『세림시집』, 시원사, 1938.
3 『남선南鮮의 홍수』, 조선총독부, 1934년.

돼 부득이 거주지를 옮겨야 하는 사람만 10개 마을 250호, 천여 명에 달했다. 풍천면 광덕에서는 75가구가 살던 마을 전체가 순식간에 사라졌다.

> 안동지역에 미친 피해는 실로 경악할 정도이다. 인축人畜의 사상만 1천4
> 백여 건에 달하며, 가옥 유실, 도괴, 침수가 역시 5천463호나 되니 이밖
> 에 전답과 교량, 제방, 도로 등의 전반적인 숫자를 계산하면 그 통계는
> 과연 얼마나 될 것인가. 이 미증유의 참해를 입은 수만 명의 이재민 중에
> 도 특별히 재해를 더 입은 사람이 1천5백69명이나 된다. 이들은 모두 최
> 하층의 빈민들로서 가옥 전부와 소작 전답을 전부 물속에 휩쓸려 버리고
> 주야로 시가노변에서 기한과 병고에 시달리는 요구급자要救急者이니...[4]

안동 읍내 이재민들은 율세동 뒷산 고지대(가톨릭상지대)로 피신했다. 고지대 정상부는 운동장처럼 평평했다. 안동주조安東酒造를 설립한 국담菊潭 권태연의 땅이었다. 이재민들은 집도, 먹을 것도 없었다. 국담은 이재민들에게 쌀 500가마를 내놓았다. 이재민들은 수해가 끝난 뒤에도 이곳에 움막을 치고 살았다. 일부는 산기슭 비탈면에 집을 짓고 살았다. 국담의 이재민羅災民 구제救濟는 구전口傳으로 전파됐다.

국담과 함께 경안양조 윤좌형씨도 거금을 내놓았다.

> 안동에서 2만여 명의 이재민이 사선에 방황하게 되어 해내해외의 눈물겨
> 운 동정으로 구호를 받고 있는 바, 이 참상의 재민을 위하야 또 거금의
> 구호금을 연출한 자선가가 한 분 있으니, 그는 경안양조회사 사장 윤좌형
> 씨로 일천오백원(요즘 3천만원)의 거금을 이재민에게 분급하였다 한다.[5]

4　『동아일보』, 1934.8.14.
5　『동아일보』, 1934.9.13.

일조에 폐허된 경북 안동의 참상(동아일보 1934.7.29.)

1. 물에 잠긴 안동읍
2. 이백명이 표류된, 터만 남은 영호루 자리
3. 공사중의 인부가 표류된 상류 낙동강 유실된 자리
4. 탁류를 피난하는 재민
5. 피난민 일동
6. 안동읍내 전주 도괴 참상
7. 폐허된 안동역사
8. 갑술년 수해 사진 - 법룡사 인근(출처 : 경북기록문화연구원)
8-1. 갑술년 수해 - 안동농고(출처 : 경북기록문화연구원)

갑술년 수해때 이재민들의 피난처
(현재 가톨릭상지대학)

국담 권태연의 집터
(현재 명당빌라)

도화동천(가톨릭상지대학 인근 계곡) 비석

　의용소방대 김두수 대장과 250명의 대원들도, 목숨을 내건 구조 활동으로 수많은 인명을 구했다. 수해 뒤에는 낙동강 제방을 다시 쌓았다. 이듬해, 갑술년 대수해가 났던 그 날 그 시각에, 안동보통학교에서 수재기념제水災記念祭가 열렸다. 읍민 천여 명이 한자리에 모여 숨진 이웃의 영혼을 위로했다. 전국에서 유일한 '수방水防의 날' 행사의 시작이었다.

영호루 유허비

김두수대장 기적비

안동 공립보통학교(동아일보 1930.10.26.)

그해 갑술년에는 삼재三災가 겹쳤다. 여름 폭우 전까지 남부지방에는 한재 旱災가 이어졌다. 북부지방에는 봄까지 냉해冷害가 심했다. 여름에는 폭우가 쏟아졌다. 벼농사는 폐농이었다.

금년도 조선 도작稻作은 남조선 한재旱災와 북조선지방의 냉기로 인하야 감수가 예상되던 바, 작금 돌연적인 삼남三南의 대수해로 말미암아 침수 와 유실 등으로 피해는 실로 막대한 터인데, 금추今秋의 수확예상은 1천5 백만 석을 초과하지 못할듯 하며 이것을 작년도 수확 1천8백만 석에 비

하면 3백여 만 석이 감소되어 1할 여가 감수될 것이라 한다.[6]

갑술년 수해는 빈농들의 한 가닥 희망마저 꺾어버렸다. 논밭에 있는 모든 것이 떠내려가거나 진흙에 덮였다. 초근草根과 목피木皮는 지난봄에 다 먹었다. 가을이 와도 먹을 게 없었다. 지주는 소작료小作料를 달라고 손을 내밀었다. 내년 가을에는 올해 못낸 소작료까지 두 배를 내야 할 터였다. 부역賦役은 수해 탓에 더 늘었다. 춘궁기春窮期에 굶주린 소작농들은 부역까지 겹치면서 살길을 잃었다. 살길을 잃은 소작농은 안동 전체에서 7천6백여 호에 달했다. 일제의 만주 이민정책도 이때부터 시작됐다. 이주자들은 호당 150원(요즘 3백만 원)의 여비를 받았다. 이주지로 가면 일가가 먹고살 만한 농장과 농구 등의 모든 비용도 받는다고 했다. 가을부터 수재민들의 이주移住가 줄을 이었다.

안동 수재민으로서 부득이 만주와 북조선 지방으로 이주를 희망하게 된 자는 85호, 가족 수로 350명이라 한다. 이들은 총독부의 이민방침에 의해 만주로 가는데, 오는 12월 2일 모두 안동역을 출발한다고 한다.[7]

안동의 이재민羅災民들은 남북만주로, 북조선의 황해도로, 머나먼 남양군도로 떠나갔다. 아득했지만, 보릿고개만큼 두렵지는 않았다. 빈농貧農들에게, 간도나 북조선은 기차가 데려다 줄 '새로운 희망의 세계'였다. 안동역은 청송과 영양, 의성, 봉화 등 인근지역 주민의 탈출구가 됐다. 오는 사람보다 떠나는 사람이 훨씬 더 많았다. 조선의 빈농은 철도를 따라 떠나갔다.

지난 5월 26일 오전 11시, 경북안동역발 차로 안동, 영양, 청송, 의성 등

6   『동아일보』, 1934.7.28.
7   『동아일보』, 1934.10.24.

이재민 열차 북행(동아일보 1934.11.4.)
상) 곤한 잠 깬 차중의 이재민,
중) 경북 풍산역에서 눈물의 이별,
하) 경성역에서 조반준비

황해도로 떠나는 안동역 이민행렬(동아일보 1936.5.30.)

4개군에서 모집된 황해도 이주민 110명은 황해도 해주군 용당포를 향하여 출발하였다. 그들의 일처는 당지의 대창大創 토목주식회사가 경영하는 시멘트공장이며 하루 임금은 7,80전쯤 되는데, 지금부터 만 1년간 그곳에서 일한다고 한다. 고향산천을 이별하고 인정풍토가 다른 곳으로 이주하게 되는 그들의 현실이 너무나 처참한데, 못 이겨서 가는 자 보내는 자 할 것 없이 좁은 역 구내는 눈물의 바다가 되었다고 한다.[8]

경북선 개통 당시 사용했던 안동 역사驛舍는 갑술년 수해 때 사라졌다. 총독부 철도국은 경북선과 신설 중앙선 여객들이 함께 쓸 수 있는 새 역사驛舍를 지었다. 8백 평 규모였다. 거금 3만7천 원(요즘 7억4천만 원)을 들여 신축한 새 역사驛舍에 불이 났다.

안동역사 화재 사진(조선일보 1939.5.15.)

---

8   『동아일보』, 1936.5.30.

현재의 역은 작년 8월에 총공비 3만7천여 원을 들여 신축한 후 동쪽 편은 경북선 안동역에서 사용하고 서쪽 편은 안동건설사무소 안동남북 양 공사구에서 사용하고 있던 바, 지난 13일 오전 1시경 불이 일어나자 곧 소관 안동경찰서와 소방조에서 출동하야 진화에 필사적 노력을 하였으나 원체 화세가 맹렬하여 결국 동편 쪽 일부를 남기고 모두 타버린 후 오전 5시경 겨우 진화되었다. 다행히 안동역 관계의 중요서류 등은 다 구했고 피해액은 대략 3만여 원이나 되며 화재원인은 조사중이다.[9]

　　누전인지, 실화인지, 방화인지 화재 원인은 밝혀지지 않았다. 철도국과 경찰은 긴장했다. 방화 또는 실화 가능성을 염두에 두고 오랫동안 조사했지만, 드러난 건 아무 것도 없었다. 중앙선 개통이 임박했다. 이듬해 1940년 개통을 앞두고 철도국은 서둘러 안동 역사 신축공사에 들어갔다. 안동 역사는 이듬해 초 겨우 완공됐다.

1940년 안동역(출처 : 네이버)　　　　　　　　　　　　　1940년 청량리역(출처 : 네이버)

9　『동아일보』, 1939.5.15

중앙선中央線 개통...야만野蠻의 시대

1940년 3월, 경경남부선(중앙선) 안동-우보구간이 개통됐다. 일제와 일제에 협력한 황국의 신민이 안동 역전 광장에 모여 축하연을 벌였다. 황국의 신민은 꿈같은 시간을 보냈다.

3월 1일 이날이야말로 전 안동 16만 군민이 영원히 잊지 못할 안동역사에 일페이지를 장식할 것이다.… 우렁찬 기적소리와 함께 각지에서 몰려든 수만의 관중과 축하식에 참석하는 저명인사들은 역전 광장에 인산인해를 이루었고…황국신민의 서사를 제창한 후 연회에 들어가 전안동의 미기들이 총출동하여 술을 권하는 한편 특설무대에서는 끊임없이 여흥을

경경남부선(안동 - 우보) 개통 당일 안동역(동아일보 1940.3.5.)

벌여 기분을 왕일케 하고[1]

1942년 4월, 청량리와 경주를 연결하는 중앙선 전 구간이 개통됐다. 이 때부터 경북선 안동에서 점촌 구간이 철거되기 시작한 1943년 가을까지, 안동역은 개청 이래 최전성기를 구가했다. 안동역에서 기차를 타면 조선과 만주와 일본, 심지어 러시아, 미국까지 원하는 곳은 어디든지 갈 수 있었다. 안동역에는 매일 웃음과 울음이 병존했다. 일본인은 안동으로 오고 있었고, 안동 사람들은 경성과 북조선, 만주로 떠나고 있었다.

태평양전쟁이 막바지로 치닫고 있었다. 일제는 전시총동원체제戰時總動員體制에 들어갔다. 지원입대형식을 빌어 장정들을 전쟁터로 데려갔다. 경북에서 이렇게 전쟁터로 끌려간 장정은 1940년 1월 한 달에 2천 명을 넘었다. 안동이 230명이었다. 전쟁에 동원된 장정은 대부분 학생들이었다. 교장과 교사가 일선에서 강제징집强制徵集을 독려했다.

'구름 낀 볕뉘도 쬔 적이 없고' '황국의 신민으로 대접받은 적도 없는' '바카야로 조센진'이 '천황폐하에게 충성을 서약하고', '황국의 존망을 걱정하며' 남의 나라 전쟁에 동원되고 있었다. 지원입대를 독려하는 경상북도 경찰부장의 기자회견은, 러일전쟁을 '고토수복'이라 했던 일제의 불순한 언어와도

1 『동아일보』, 1940.3.5.

같았다. 견강부회牽强附會가 도를 넘었다.

> 조선 청년층의 각오가 날을 따라 새롭고 지원자의 수효가 증가하는 것은
> 경하할 일이다. 여기에 대하야는 부형의 협력과 각성이 더욱 요망되는 점
> 이다. 지금도 혈서지원 상류가정의 각성 등 매우 감격할 미담가화가 많
> 은 터인데 아모쪼록 청년층은 전부 지원병이 되겠다는 발분이 있기를 원
> 한다.[2]

전쟁물자 조달에 혈안이 된 일제는, 소학교 아이들까지 동원해 송탄유松炭油
자재인 솔공이 채취를 강요했다. 송탄유는 항공연료로 쓰였다.

> 교장은 일본 관동군 오장 출신이었는데, 우리가 4학년 때 송탄유 자재인
> 솔공이 채취량을 배가 넘게 불어나도록 잡았다…이 군국주의軍國主義의 화
> 신 같은 교장의 명령에 따라 우리는 학교에서 멀고 가까운 산을 두루 누
> 볐다. 그 결과는 기적(?)을 낳았다. 1943년도 전국 소학교 가운데 우리
> 학교는 송탄유 자재 채취량으로 2위를 했다. 당시 1위를 한 학교는 한만
> 韓滿 국경 가까이 있는 갑산군甲山郡의 한 소학교였다.[3]

야만野蠻의 시대였다. 농민들은, 강제공출强制供出로 농사지은 쌀을 거의 다
뺏겼다. 끼니는 만주산 콩 깻묵으로 때웠다. 놋그릇과 숟가락부터 가마니와
새끼줄, 심지어 개가죽까지 공출해 갔다. 경북선 안동-점촌구간의 철로도 뜯
어냈다.[4]

---

2 『동아일보』, 1940.1.29.
3 김용직, 『나의 시대 나의 이야기』, 푸른사상사, 2012.
4 1943년 가을, 경북선 안동 - 점촌구간 철도 철거

1915년에 5백여 명이던 안동의 일본인은 1930년 1천 명으로 늘었다. 1940년에 2천 명을 넘어섰다. 일본인의 증가는 토지 수탈과 상권잠식을 의미했다. 조선에서 수탈한 쌀과 물자는 일제의 팽창을 도왔다. 조선에 남아 있던 장정들은 군대로, 탄광으로, 공장으로 끌려갔다. 부녀자들은 위안부로 끌려갔다. 수탈과 징집과 징용의 기획자는 일제였고, 실행자는 조선인이었다.

　　안동 출신의 승려 서남현은 1991년 일본 교토 고려사 주지로 있었다. 그는 당시 1939년에서 1945년까지 일제의 강제 징용 자료를 수집했다. 그는 이렇게 말했다.

> 태평양전쟁 당시 조선에서 6백만 명이 징용됐다. 그중 2백만 명이 일본에서 짐승 같은 취급을 받으며 고된 노동에 시달렸고, 그중 30만 명이 낯선 땅에서 숨졌다. 빨래터에서, 외가에 다녀오던 논두렁길에서, 동네 어귀에서 일제의 인간사냥꾼에게 '포획'돼 죽었다. 그들은 죽을 때까지 맞았고, 죽을 때까지 일했다. 징용은 그 자체가 지옥이었다. 아우슈비츠는 남의 일이 아니었다. 노예사냥은 아프리카만의 역사가 아니었다.

　　노수복 할머니는 1943년 가을, 안동에서 일본군 위안부로 끌려갔다. 22살이었다. 그는 2차 대전 중 일제가 동남아 지역을 점령할 때 싱가포르와 태국 등지의 위안소를 말레이시아를 떠돌다가 태국 방콕 인근에 정착했다.

　　북한의 평안남도 대동군에 살고 있는 위안부 할머니는 1992년, 일제 강점기 경남 창원의 비밀 군수공장에서 겪은 일을 증언했다.

> 경북 안동에서 온 18세 소녀가 있었다. 어느 날 그는, '날마다 스무 명, 서른 명을 상대해야 하는 게 견딜 수 없다'며 일본군 장교를 물어뜯고 때렸다. 장교는 그 애를 발가벗겨 나무에 거꾸로 매달아 놓고 우리들을 집합시킨 앞에서 그 애에게 '아직도 말을 안들을 거냐'고 물었다. 그래도

그 애는 '나는 조선 사람이다. 너희들에게 날마다 당할 바에는 죽는 게 낫겠다'고 했다. 장교는 칼로 그 애의 팔과 다리를 잘라 토막냈다.[5]

해외나 다른 지역으로 끌려간 부녀자들은 일제의 위안부로 끔찍한 삶을 살았다. 조선에서도 고단한 삶은 다르지 않았다. 기생들까지도 수탈의 표적이 됐다. 기생들은 국방헌금이나 황군 위문금을 마련하기 위해 누에고치 건조장에서 연주회를 열었다. 일제는 '황국의 신민'이라 칭송했고, 기생들은 무더위 속에서 눈물을 삼켰다.

안동 읍내 각 요리점에 기적을 둔 예기藝妓 수십 명은 비상시 총후寵厚 원호援護의 일조가 되려는 취지로 지난 7월 31일 밤부터 8월 2일까지 3일간 시내 남문통 안동 건견장乾繭場에서 매일 밤 4시간씩 기생연주대회를 개최하게 되었던 바, 그 수입은 수백 원(요즘 수백만 원) 가량이라 하며 그중 최소한의 실비용을 제하고 나머지 금액 전부를 국방헌금과 또 황군 위문금 등으로 안동경찰서를 통하야 의연義捐하였다고 한다.[6]

가난과 굶주림에 지친 사람들은 남양군도로 떠났다. 일제의 사주를 받은 조선의 앞잡이들은, 남양군도로 가서 1,2년 고생하면 부자가 된다고 유혹했다. 아무나 갈 수 없다며, 선발이라는 미끼도 던졌다. 미심쩍었지만 이판사판이었다.

남양 뽀나뻬도(남태평양 마이크로네시아 연방에 있는 폰페이섬)에 있는 남양흥발 주식회사로 이주할 노동자는 지난 11월 8일 부산으로 출발하였다. 그들

5 『동아일보』, 1992.9.9.
6 『동아일보』, 1937.8.7.

은 부산에서 전국에서 선발된 노동자들과 함께 출발하는데, 남양 체재기
간은 2년이라 한다.[7]

1991년 7월에 발표된 남양군도 징용 사망자 명단에는 평산점득平山點得이
라는 이름이 있었다. 1913년생, 안동 출신이었다. 그가 1939년 안동역에서
떠난 남양군도 선발 노동자였다면, 당시 26살이었다. 그는 아마도 일제의
비행장 건설에 동원됐고, 2차 대전 때 일제를 위해 미군과 싸우다 숨졌을
터였다.

1935년 16만724명이던 안동군의 인구는, 1940년 15만3천153명으로 감소했
다. 5년간 일본인은 1천 명이 늘었고, 안동 사람은 8천5백 명이 줄었다. 이들
은 안동역에서 기차를 타고 만주로, 황해도로, 남양군도로 갔다. 아무도 돌아
오지 못했다.

7 『동아일보』, 1939.11.16.

돌아오지 못한 안동의 의병들

경술년 국망에서 광복에 이르기까지, 안동의 의병들은 이국땅을 유랑하며 일제와 맞섰다. 석주 이상룡과 백하 김대락이 서간도에 장만한 터전은 일제 강점기, 식민지 백성의 피난처요 독립군의 배양지였다. 국망에 분루憤淚를 삼키며 거지수구去之守舊의 길을 갔던 혁신 유림은 이역만리 서간도에서 눈을 감았다. 국망 직후 서간도로 향했던 백하 김대락은 1914년 일생을 마감했다. 망명 4년만이었다. 유림에서 사문난적斯文亂賊으로 몰리고, 스승에게 파문破門, 부친에게 의절義絶당하면서도 혁신의 길을 갔던 동산東山 류인식은 1928년 고단했던 삶을 마감했다. 임시정부臨時政府 국무령國務領, 석주 이상룡은 1932년 서간도에서 운명했다. 서로군정서西路軍政署 독판督辦, 일송 김동삼은 1937년 서대문 감옥에서 눈을 감았다. 회갑을 한 해 앞둔 나이였다. 모두가 '이름도 성도 없는 오직 의병'이었다. 살아서 죽어서 모두 불꽃이었다. 동농東農 김가진과 추산秋山 권기일도 그랬다.

1. 임청각 전경
2. 임청각 사당
3. 군자정 내부 독립지사 사진
4. 백하구려(백하 김대락 고택)
5. 협동학교 터(내앞 마을)
6. 내앞마을 전경

장면 하나, 1919년 시월의 어느 아침, 백발의 노인이 북행열차北行列車에 몸을 실었다. 찢어진 갓에 누더기 차림, 몰골은 초라했다. 허름한 복색服色의 청년이 뒤를 따랐다. 노인과 청년은 열차의 삼등칸에 앉았다. 서간도 이민이 줄을 잇던 시절, 만주행 열차의 익숙한 풍경이었다.

　　나라는 깨지고 임금은 망하고 사직은 기울었는데, 부끄러움 안고 죽음을 견디며 지금껏 살았네... 민국民國의 존망 앞에 어찌 내 한 몸 돌보리... 누가 알아보랴. 삼등열차 안의 이 나그네가 누더기 걸친 옛적의 대신인 것을.[1]

　　백발의 노인은, 안동 김씨의 후예이자 안동부사府使였고, 대한제국의 노대신老大臣, 동농東農 김가진이었다. 청년은 그의 아들 김의한이었다. 그들의 북행은 상해 망명길이었다. 경성과 상해가 뒤집혔다. '대일본제국의 남작男爵 작위'를 팽개친 그의 망명에 조선총독부는 경악했다. 그의 마지막 소임은 항일 비밀결사, 대동단大同團의 총재였다. 이름도, 성도, 영욕도 버린, '오직 의병의 길'이었다. 그의 나이 일흔넷이었다.

상하이 망명시절, 동농 김가진 선생
(출처 : 네이버)

　　이제 제국의 대신이 누울 자리를 찾는다면, 그곳은 민국이어야 했다. 비록 단 한 명에 그칠지언정, 그래야만 했다. 못난 주군을 대신해 동포에게 사죄하기 위해서라도, 부역한 양반들이 훗날 조선을 대표하는 역사의 반동을 막기 위

해서라도, 제국은 민국과 만나야 했다.[2]

동농과 아들 김의한이 상해로 망명한 지 두 달 뒤, 며느리 정정화도 상해로 떠났다. 스무 살이었다. 그는 임시정부의 며느리요 살림꾼이었다. 임정의 살림살이는 늘 쪼들렸다. 밥 먹는 끼니보다 밥 굶는 끼니가 훨씬 많았다. 그는 독립운동자금을 마련하기 위해 여섯 번이나 국내로 잠입했다.

동농의 아들 김의한 선생과
정정화여사(출처 : 네이버)

임시정부의 살림이 형편없어 돈을 구하러 국내로 왔다. 우리는 압록강을 가로질러 쪽배를 띄웠다.... 칠흑 같은 어둠 속 어디선가 왜경들이 우리의 일거수일투족을 노려보고 있는 것만 같았다.[3]

안동소주를 개발한 국담 권태연은, 동농東農이 손자처럼 아끼던 대한제국의 관리였다. 동농은 며느리에게 조선으로 가면 국담을 만나서, 붓글씨나 편지를 전하라고 했을 터였다. 동농은 당대의 명필이었고, 국담은 안동의 부호富豪였다. 국담의 집에는 동농의 글씨가 많았다. 일제 강점기 독립투사들은 국내 후원자들에게 선물로 글씨를 전했다. 후원자들은 자금을 지원했다. 경찰에 꼬투

1   김위현, 동농 김가진傳, 학민사, 2009.
2   『아주경제』, 2019.2.11.
3   정정화, 『장강일기』, 학민사, 1998.

리를 잡히지 않으려는, 신중한 행보였다. 국담이 동농에게 독립운동자금을 지원했다는 기록은 없다. 기록이 있을 리도 없다.

1922년 여름, 동농이 떠났다. 상해로 망명한 지 3년, 향년 일흔일곱이었다. 그의 부음訃音은 애달팠다.

동농 김가진선생의 장례 행렬(출처 : 네이버)

> 합병 당시 귀족작위를 받은 자로, 해외에 나가 위험을 무릅쓰고 활동한 사람은 동농뿐이며, 상해에 건너간 이후의 고생은 거의 극도에 이르러 팔십지년에 하루 한 끼를 먹지 못하고 이 세상을 마쳤더라.[4]

동농 김가진의 서훈敍勳은 여전히 보류돼 있다. 일제로부터 받은 작위爵位를 반납하지 않았다는 이유다. 대한민국 정부는 임시정부를 계승한다고 했다. 이름뿐인 일제의 작위가, 대한민국 임시정부의 국로國老요 고문顧問보다 더 중요한 기준이 되는 것일까? 민국의 의병, 동농의 유해는 아직 환국還國하지 못했다. 100년이 지난 그의 망명은 아직 끝나지 않았다. 백발의 의병은 불꽃처럼 살았다.

장면 둘, 석주 이상룡과 백하 김대락, 일송 김동삼 등이, 서간도 유하현柳河縣 삼원보三源堡 추가가鄒家街에 살 자리를 마련한 지 10여 년이 흘렀다. 서

---

4 『동아일보』, 1922.7.7.

죽헌고택(동농의 안동 고택, 안동 서후 봉정사 입구)

간도 의병들은, 유하현 고산자孤山子와 통화현通化縣 합니하哈泥河에도 터전을 마련했다. 망명 초기, 경학사가 주도했던 자치회는 한족회가 이어받았다. 신흥강습소는 신흥무관학교로 규모를 키웠다. 서간도의 한인 마을은 양천과 반상이 없는 평등의 공동체였다. 주권재민主權在民의 민국을 꿈꿨다.

경신년 초여름(1920년 6월), 홍범도가 이끈 독립군은 연해주 주둔 일본군을 대파했다. 봉오동 전투의 주역은 신흥무관학교 졸업생들이었다. 일제 수색대는 독립군의 배양지培養地인 서간도 한인 마을을 잔인하게 공격했다. 곳곳에서 초토화焦土化의 만행이 이어졌다. 동포들이 도륙屠戮당하고 있었다. 사람부터 살려야 했다. 한족회를 이끌던 추산秋山 권기일은 마을을 돌며 피신을

94

독려했다.

칠월 초이틀(1920년 8월 15일), 서간도 통화현 합니하의 하늘은 맑았다. 마을에 거주하던 동포들은 일제의 수색대를 피해 거처를 옮겼다. 신흥무관학교 분교의 교생들도 학교를 떠났다. 추산 권기일은 홀로 학교를 지켰다. 머지않아 수색대가 닥칠 터였다. 늦여름의 오후, 해는 중천에 떠 있었고 잠자리가 무리 지어 하늘로 날아올랐다. 마을은 평온했다.

신흥무관학교 교정 뒷산으로 일제의 수색대가 넘어왔다. 목표는 추산이었다. 추산은 수색대를 피해 옥수수밭으로 숨었다. 옥수수밭에는 "하나씩 둘씩 서너씩, 등에 그리고 가슴에 아기를 업고 또 안고 있는 엄마처럼, 사람보다 키 큰 옥수수가 줄지어 서있었다. 남들에게는 너무나도 화사했던 그 한 시절도 있었던 듯 없었던 듯… 눈에 띄는 꽃잎 하나 피우지 못하고 벌써 오늘의 계절에 휘어질 듯 서 있었다."[5]

추산 권기일선생 기념공원(안동 남후 검암)　　　　　추산향택(예미정 별채)

---

5 석화, 『옥수수밭에서』, 연변 조선어문, 2006.

수색대는 총을 쏘지 않았다. 옥수수 대궁사이로 '하나씩 둘씩 서너씩, 등에 그리고 가슴에' 총검이 번쩍였다. 추산은 '꽃잎 하나 피우지 못하고 오늘의 계절에 휘어졌다.' 만주의 하늘엔 잠자리 무리지어 날아올랐고, 안동의 하늘엔 비가 내렸다. 35년의 짧은 생애, 3천석 재산을 처분해 만주로 망명한 지 9년만이었다. 서간도 '경신참변庚申慘變'의 서막이었다.

전환시대轉換時代 ... 민국民國의 길

1945년 일제는 패망했다. 안동의 황국신민은 일제의 패망을 예측하지 못했다. 안동에서 호의호식好衣好食한 황국의 신민들은 패망 직전까지 요릿집 기생들을 앞세워 국방헌금을 모았다. 전쟁 무기도 헌납했다. 황국 신민의 우국충정은 무망無望했다. 세상이 급변했다. 일제가 부설한 철도 위로 미제 기관차가 이끄는 기차를 타고 독립투사와 유학생, 새 정부의 권력층이 안동역으로 들어왔다. 숨죽여 살았던 독립운동 지원자들이 어깨를 폈다. 어깨를 펴고 살았던 황국의 신민들은 숨을 죽였다.

눈에 보이는 문명은 지워졌고, 마음에 새겨진 행적은 지워지지 않았다. 좁은 안동에서 있었던 '왜정 때의 행적'은 기억에 남았다. 왜정 때 당한 치욕이 부끄러워 대놓고 말할 일은 아니었다. 원 양반은 종가를 복원하고 족보를 정리하면서, 왜정 때 편입된 새 양반을 부르지 않았다. 양반의 복수였다. 새 양반은, 양반의 성씨는 가졌지만, 종가는 없었다.

친일 청산의 바람이 불었다. 일제 협력자들은 이미 공상工商의 이치와 재물을 다루는 방법을 깨우쳤다. 본래 나라가 없었던 그들에게 조선총독부나 대한민국 정부나 다를 게 없었다. 돈의 위력은 같았다. 세상이 바뀌어도 두려울 게 없었다. 정체성의 혼란이 커지고 있었다. 황국皇國의 신민은 민국民國의 주권자로 옷을 갈아입었다. 일제가 빠져나간 권력의 공백을 미국이 대체했다. 미국편에 서는 것이 살 길이었다.

해방공간의 권력공백權力空白이 친일청산親日淸算의 바람을 잠재웠다. 일제를 대신할 새로운 권력이 필요했다. 투쟁이 시작됐다. 권력투쟁과 좌우 대립의 여파는 안동에도 몰아쳤다. 민국 건설의 방향은 엇갈렸다. 국내 사회주의 세력과 임시정부의 좌파 세력이 힘을 모아 사회주의 정권 수립을 주도했다. 북한의 김일성은 이들을 지원했다. 일제를 패망시킨 미국의 생각은 달랐다. 이승만을 앞세운 우파와 손을 잡고 사회주의에 대응하는 민주공화국民主共和國의 건설을 추진했다. 해방공간의 좌우 대립은 치열했고, 비정했다. 사회주의의 인적 토대가 있었던 안동에는 전쟁 같은 암투가 이어졌다. 동지들이 총을 겨눴다.

장면 하나, 1947년 1월, 안동에 있는 각 단체의 장들이 한자리에 모였다. 새나라 건설을 위한 소신과 계획을 밝히는 모임이었다. 대한애국부인회 안동군지부장 매지梅智 최금봉이 나섰다.

대한민국이 염원하던 독립과 자유를 찾았으니 이제 단결해서 국가건설에 이바지할 때다. 그런데 좌익이니 우익이니 나뉘어 싸움질하는 것은 유감스러운 일이다. 북한의 김일성은 애국투사들의 공을 도둑질해서 국민을 기만하고 민족을 분열시키려 한다. 이러한 자를 만들어 낸 데는 어머니의 책임이 크다고 생각한다. 여성들은 다시는 이런 자를 기르는 어머니

가 되어서는 안 되겠다.[1]

최금봉의 발언은 위험했다. 좌익
단체들의 역린逆鱗을 건드렸다. 울고
싶은데 뺨때린 격이 됐다. 좌익은 최
금봉 제거를 계획했다. 낙동강 인도
교 밑에서 우익단체 소속 남자 의사
2명과 최금봉을 암살하도록 했다. 실
행 사흘 전에 암살음모가 노출됐다.
최금봉은 친구들의 집을 전전했다.

매지 최금봉여사(출처 : 경북기록문화연구원)

안동유치원 1회 졸업사진 - 뒷줄 왼쪽이 최금봉여사(출처 : 경북기록문화연구원)

1　『경향신문』, 1973.10.25.

3·1운동 때 진남포에서 체포돼 옥고를 치른 최금봉은 이후 일본유학을 거쳐 치과의사로 변신했다. 조선 최초의 여성 치과의사였다. 1938년 마흔 둘에 안동 남자 이재유와 결혼해 안동으로 왔다. 안동 최초의 치과를 열었다. 3·1운동을 상징하는 삼일치과였다. 처음 보는 치과에 여의사, 더구나 조선 사람이었다. 환자들이 몰려들었다. 돈 없고 배곯던 시절이었다. 무료 치료가 대부분이었다. 돈이 생기면 빈민구제와 교육 사업에 다 썼다.

신혼의 단꿈은 짧았다. 해방되던 해, 남편을 잃었다. 남편을 따라온 객지에 홀로 남았다. 최금봉은 빈민구제와 교육 사업을 포기하지 않았다. 안동 사람들은 최금봉을 좋아했고, 존경했다. 해방 직후 광복절 기념식의 독립선언서 낭독은 늘 그의 몫이었다.

1947년 1월부터 시작된 최금봉 암살 기도는 이후로도 계속됐다. 최금봉은 친구들의 집을 떠돌면서도 애국부인회 활동을 이어 나갔다. 이듬해에는 안동교회 부설 안동유치원을 개원해 첫 졸업생도 배출했다. 안동유치원은 한국전쟁 직전인 1950년 5월 9일, 3회 졸업식을 열었다. 매지梅智 최금봉이 안동에 남긴 흔적은 이날 졸업식이 마지막이었다. 그는 서울로 떠났고, 안동으로 돌아오지 않았다.

해방공간解放空間에서 좌우 대립은 극한으로 치달았다. 좌익세력은 국가보안시설인 철도를 겨냥했다. 1947년 3월 22일의 '24시간 총파업'에 이어 곳곳에서 지역별 소요사태를 일으켰다. 남로당의 지시를 받는 좌익세력은 안동 철도국 내부에도 많았다. 남로당은 철도파업에 이어 통신 마비도 준비하고 있었다.

24시간 파업 사건 당시 철도에서 파면당한 전 국원 박○○의 지도 밑에 철도국원들이 중심이 되어 지난달 27일 안동지역은 정전이 되자 이때를 이용하여 안동시내에 삐라를 산포하고 소요를 야기시키려고 하였음으로,

즉시 경찰관을 동원하여 사태를 진압하는 동시에 목하 조사중인데, 권총과 그 외 무기를 다수 입수하였고 11월 말일 현재 검거된 자는 철도국원 63명과 일반인 91명에 달한다고 한다. 또 안동 인근의 철도교환감독 정○○외 5명은 남로당원으로서, 동당의 지령에 의하여 남조선 철도 관계 기밀을 탐지하며 동당에 정보를 제공하고, 경찰과 기타 상대방의 전화 통화를 방해하며 모략적 행동을 한 사실이 발각되어 엄중 취조중에 있다.[2]

장면 둘, 일제 강점기의 목표는 '오로지 독립'이었지만, 일제가 없는 공간에서는 공동의 목표가 사라졌다. 신탁통치信託統治 찬반에서부터 좌우대립左右對立에 이르기까지 혼란을 거듭했다. 좌우 대립의 광풍은 안동의 산골 마을까지 거세게 불었다.

태백산 자락의 산골 마을에 지나지 않는 우리 고장에도 농민조합, 청년동맹, 여성동맹 등의 지부 간판이 내걸렸다. 면사무소 입구에는 면 인민위원회가 자리를 잡았고 파출소를 한때 국군준비대 예안면지부가 사용했다. 좌파에 비해 한발 늦게 시작된 우파의 지부조직도 9월 말부터 그 윤곽을 드러냈다. 예안면사무소 바로 맞은편에 있는 큰 가게를 통째로 차지하고 건국청년회 예안 지부의 간판이 내걸렸다. 이어 이승만 박사를 영수로 한 독립촉성회와 우파의 여성 조직인 대한애국부인회도 같은 건물에 자리 잡았다. 좌우 양측의 활동은 선전, 선동의 형태인 벽보로 집약되어 나타났다. 밤을 이용하여 좌익이 담벼락과 전봇대를 온통 도배를 하다시피하고 작고 큰 벽보를 붙였다. 그 다음 날 건국청년회 소속 우파 청년들이 그 벽보들을 먹물로 칠을 하고 쇠갈고리와 물걸레로 깡그리 뜯어내었

2   『경향신문』, 1947.12.4.

다. 그 자리에는 공산당 타도, 매국노들 물러가라 등의 문구를 담은 우익
진영의 벽보가 나붙었다.[3]

1948년 대한민국 정부 수립과 함께 제헌국회制憲國會가 출범했다. 안동 갑
구에는 김익기, 을구에는 무소속의 정현모가 당선됐다. 정현모는 민의원에
당선된 지 5개월 만에 초대 경북도지사로 갔다. 이듬해 1월 13일, 보궐선거
가 치러졌다. 초대 상공부장관 임영신(중앙대 설립자)과 초대 외무부장관 장택
상이 안동 보선에 출마했다. 선거는 특이했고, 치열했다. 이승만 대통령의 신
임을 받던 임영신이 당선됐다. 대한민국 최초의 여성 민의원(국회의원)이었다.
안동은 대한민국 최초로 여성 민의원을 배출한 곳이 됐다. 이승만이 왜 민의
원에 선출된 지 5개월 된 정현모를 갑자기 경북지사로 임명했을까? 그리고
그 자리에 왜 임영신이 등장했을까? 임영신은 안동에 아무런 연고가 없었다.
안동에 관심도 없었다.

북한에도 소련의 지원을 받는 공산정권共産政權이 수립됐다. 북한 공산정권
은 남한의 좌익세력과 긴밀하게 연계했다. 1949년 5월부터 '게릴라 전'으로
대한민국 정부 전복顚覆을 기도했다.

그해 8월 18일 저녁 6시쯤이었다. 청량리발 안동행 열차가 소백산 죽령터
널 안에서 갑자기 멈췄다. 터널에 갇힌 승객 45명이 산소부족으로 질식해 숨
졌다. 대부분 안동 사람들이었다. 교통부는 9월 5일, 안동역에서 합동위령제
를 올렸다. 증거는 없었지만, 소백산 일대 '빨치산'의 소행이라 짐작했다.

태백산지구는 북한 강동학원 출신 인민유격대원이 남한으로 침투하는 핵
심 루트였다. 이들은 양양, 강릉지구에서 오대산, 대덕산, 함백산을 거쳐 태

백산에 집결한 뒤, 여기서 활동 거점을 분리했다. 김달삼이 지휘하는 1군단은, 일월산, 청량산, 학가산에 거점을 확보하고, 안동, 봉화, 영주 등지의 게릴라들과 합류했다. 경북북부지역은 북쪽과 지리산 일원의 남쪽을 연결하는 중계지였다. 안동과 영주, 영양, 봉화지역에서는 연일 국군과 빨치산 간의 총격전이 이어졌다. 안동에 중부전투 총사령부가 설치됐다.

> 금번 새로 경북 안동읍에 설치된 중부전투 총사령부에서는 28일, 송호성 사령관 이하 안동과 태백산 양 전투지구 사령관을 위시하여 경북, 강원, 충남북 도지사와 경찰국장 등이 참석하여, 동일 정오부터 군관연석회의를 개최하였다.[4]

전쟁을 염두에 두고 후방교란에 나선 게릴라들의 준동蠢動은 갈수록 심해졌다. 1950년 1월 19일, 안동 중부전투 총사령부中部戰鬪總司令部에서 다시 군관연석회의가 열렸다. 신성모 국방장관이 소집한 안동 회의에는 125부대장 유재흥 준장, 130부대장 김백일 대령, 헌병사령관 최영희, 정보국장 장도영 대령과 경남북지사, 경찰국장이 참석했다.

신성모 장관은 3월까지 안동 방면의 폭도暴徒들을 섬멸하라고 강하게 주문했다. 당시 중앙선은 군용철도나 다름없었다. 전국의 수많은 병력이 중앙선을 타고 안동역으로 이동했다. 전선戰線이 분명하지 않은 전투는 쉽지 않았다. 빨치산 소탕이 주임무主任務였던 안동의 중부전투 총사령부는 한국전쟁 직전인 1950년 5월까지 존속됐다.

한 달 후 6 · 25가 터졌다. 인민군은 소백산에서 안동으로 계속 남하했다.

---

4 『경향신문』, 1949.11.30.

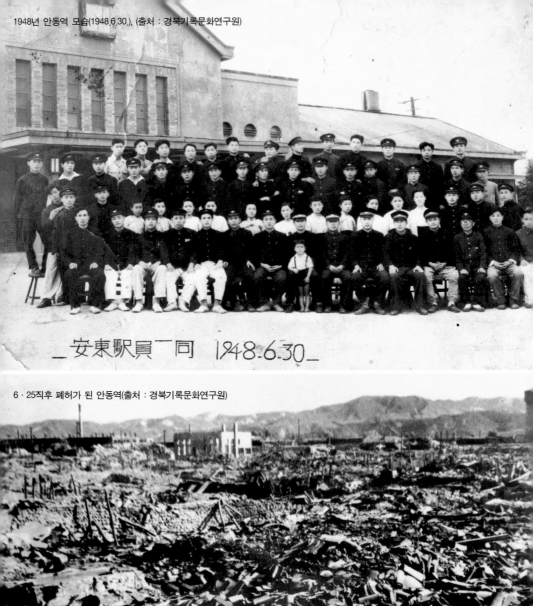

1948년 안동역 모습(1948.6.30.), (출처 : 경북기록문화연구원)

安東驛員一同 1948.6.30

6·25직후 폐허가 된 안동역(출처 : 경북기록문화연구원)

국군은 안동에서 낙동강 방어선防禦線 구축에 필요한 시간을 벌어야 했다. 7월 29일부터 8월 1일까지 나흘간 이어진 안동 전투는 치열했다. 안동 시가지는 폐허로 변했다. 안동역은 물론 군사수송의 일선에 있었던 안동철도국安東鐵道局도 무너졌다. 중앙선과 경북선, 충북선의 40개 역을 관장하던 안동 철도국은 화산역으로 철수했다. 7월 31일 초저녁, 군사작전에 투입됐던 마지막 열차가 안동역을 빠져 나갔다.

> 열차를 서서히 홈까지 진입시키고 역사에 들어가 보니 전원 후퇴하고 역 구내는... 폭격을 당해 엿가락을 휘어 놓은 것 같이 철로가 망가져 있고, 기관차고도 폭격을 당해 엉망이다… 7월 31일 19시 50분경, 해는 서산에 걸려있고 적군의 기관포는 영남산 위에서 역에 정차 되어 있는 본열차를 쏘아 대고… 초토화된 안동 시내를 바라보니 마음이 애잔했다.[5]

그날, 안동은 적에게 함락됐다. 7월 31일 24시, 육군본부는 안동을 방어하던 8사단에 안동 철수를 명령했다. 8월 1일, 철수명령에 따라 10연대가 방어선을 이탈하기 시작해 아침 7시 30분에 안동교를 통과했다. 그 시각 영남산을 장악한 적敵은 다리를 건너는 국군을 공격했다. 국군은 21연대가 당도하기 전인 7시 30분, 안동교와 안동철교를

한국전쟁 당시 안동교 복구모습

---

5   6·25당시 안동철도국 소속 기관사 김노한 회고

끊었다. 21연대는 추격하는 인민군과 강을 등지고 사투를 벌였다. 적의 조준
사격으로 사상자와 익사자가 속출했다. 적과 치열한 접전을 벌이던 16연대
는 철수명령을 늦게 받았다. 16연대는 각개各個로 적의 포위망을 돌파했다.
장교 21명, 병사 814명이 전사 또는 실종됐다.[6]

안동교 아래에서 숨져간 국군의 시신은 수습되지 못했다. 큰 비에 불어난
강물은 청년들의 시신을 쓸어 갔다. 안동 전투는 참혹한 비극이었다. 시간이
흘렀고 기억은 지워졌다. 한국전쟁의 기억은 '빨갱이'라는 추상抽象으로 남았
다. 좌익은 빨갱이의 다른 이름이었다. 빨갱이는 전쟁의 가해자였고, 용서할
수 없는 청산 대상이었다. 빨갱이는 주홍글씨였고 낙인烙印이었다. 전쟁이 끝
나자 어느 결엔가 청산의 대상은 일제의 앞잡이에서 빨갱이로 대체됐다. 친일
세력은 '빨갱이 사냥'의 일선에 섰다. 사람들은 참혹했던 식민지 조선을 잊어
가고 있었다. 친일파를 대체한 빨갱이는 20세기 한국의 정치지형을 규정했다.

안동 읍내는 잿더미로 변했다. 안동역에는 증기기관차에 물을 공급하는
급수탑給水塔 하나만 남았다. 일제가 건립한 안동역사安東驛舍도 사라졌다. 51
년 3월에 낙동강 철교가 복구됐고, 기차 운행이 재개됐다. 안동철도국도 제
자리로 돌아왔다. 시가지 복구는 안동역전에서 시작됐다. '역전 앞'은 안동
의 현대를 열어가고 있었다.

6·25전쟁이 한창이던 1952년, 부산 충무로 광장에서 6·25 2주년 기념행
사가 열렸다. 연설하는 이승만 대통령 뒤로 회색 양복을 입은 노인이 나타났
다. 2m 뒤에서 대통령을 향해 독일제 모젤권총의 방아쇠를 당겼다. 총알은
발사되지 않았다. 대통령을 저격하려 했던 노인은 유시태(62세). 배후는 민주
국민당 안동 갑구 민의원 김시현(70세)으로 밝혀졌다. 김시현의 가담은 미 문

---

6 국방부, 『한국전쟁사』, 1979.

화원USIS이 촬영한 16mm 필름에서 드러났다. 이승만 대통령이 연설을 시작할 무렵 김시현이 모자에서 권총을 꺼내 유시태에게 건네주는 장면이 찍혔다. 김시현, 1922년 겨울 모스크바에서 김지섭, 김재봉, 권애라와 야로슬랍스키역 플랫폼을 같이 걷던 바로 그였다.

1922년 겨울 모스크바에서 만났던 안동의 의병들은 거친 삶을 살았다. 행로는 늘 삶과 죽음의 경계에 있었다. 추강秋岡 김지섭은 1928년 2월에 떠났다. 근전槿田 김재봉은 1944년 봄에 삶을 마감했다. 안동 출신은 아니지만, 김재봉의 뒤를 이어 조선공산당을 이끌었던 박헌영과 김단야도 비극적인 삶을 마감했다. 박헌영은 주세죽과 헤어졌고, 김단야도 고명자와 헤어졌다. 김단야와 주세죽은 1930년대 중반에 함께 모스크바로 떠났다. 김단야는 1938년 미국의 스파이로 몰려 소련에서 처형됐다. 주세죽은 시베리아로 유배됐다. 남로당 당수였던 박헌영은 1955년 북한에서 미국의 스파이 혐의로 사형됐다.

최근 출간된 '말' 5월호에는 1955년 북한에서 진행된 '박헌영 간첩사건'의 재판을 지켜보았던 당시 북한 최고 검찰소 검사 김종중(66세)씨의 참관 증언이 실렸다. 김씨는 55년 12월 15일, 평양 창광산 공원의 내무성 구락부에서 열린 재판에서 박헌영이 '고문에 못 이겨 일제의 앞잡이가 된 것이, 해방 후 미국에 드러나 발목을 잡히는 바람에 어쩔 수 없이 간첩 노릇을 했다'며 간첩 사실을 시인했다고 증언했다.

김씨는 안동 출신으로 해방 직후 남로당에 가입, 한국전쟁 때 월북해 검사가 됐다가 지난 60년 남파된 뒤 체포돼 15년의 징역에 이어 13년의 보호감호 기간을 거쳐 89년 출감한 남파간첩이다. '박헌영 재판'을 참관한 남한의 유일한 산 증인일 김씨는, 북한에서는 이미 52년 겨울부터 남로당 간부인 이승엽, 이강국 등의 간첩 혐의를 잡고 2년 넘게 박헌영을 연

낙동강 인도교 전경   낙동강 인도교 포탄자국

금해 조사하고 있었다고 덧붙였다.[7]

박헌영은 안동 사람 김재봉을 따라 조선공산당을 시작했다. 그는 김재봉이 운명했을 때, 빈소를 찾아 조문했다. 그의 마지막 길에도 안동사람 김종중이 있었다. 그들은 '지극히 불온不穩한' 삶을 살았다. 모두 '후테이센진(불령선인不逞鮮人)'이었다. 추강과 근전은 광복을 보지 못했다. 불사조 김시현과 권애라만 살아남았다. '살아남은 자' 의열단원 김시현의 마지막 임무는 독립지사들을 탄압한 이승만의 제거였다.

김시현은 자유당 정권에서 사형을 선고받았다. 4·19 혁명 뒤 석방된 그는 1960년 제5대 민의원 선거, 안동 갑구에서 무소속으로 당선됐다. 4·19 혁명에 나섰던 서울의 대학생들이 안동에서 선거를 도왔다. 재선이었지만 5·16 군사정변 때 사퇴했다. 그는 아직도 독립유공자 서훈敍勳을 받지 못했

7   『한겨레신문』, 1991.4.27.

안동 김씨 북애공 종택(김시현선생의 생가)

김시현선생의 묘소(안동 풍산 현애리)

제7대 총선 권애라후보의 선거벽보
(출처 : 선거정보도서관)

다. 김시현은 1966년에 숨졌다. 여든셋이었다. 그가 감옥에서 보낸 시간은 24년이었다. 마지막 안동 의병, 김시현의 말년은 쓸쓸했다.

서울 서대문구 불광동 일대에는 4·19촌이란 별칭이 붙을 정도로 유명한 무허가 건축 부락이 있는데...지난 봄부터 안동출신 전 민의원이며 이대통령 살해음모사건으로 걸렸다가 석방된 김시현옹이 여덟 식구를 거느리고 작은 방하나 있는 셋집에서 우거하여 왔는데, 지난 6일부터 방 하나를 새로 늘리다가 15일 서대문구청 건축과 직원에게 적발되어 모두 헐려버렸다고. 방이 헐린 직후 김옹은 수많은 식구를 거느릴 여력이 없다며 고향인 안동으로 낙향했다.[8]

김시현의 평생 동지 권애라는, 제7대 총선(1967년) 때 안동선거구에서 한독당 후보로 출마했고, 선거 일주일 전에 사퇴됐다. 이런 저런 이유로 안동과 인연을 맺은 권애라, 최금봉, 임영신은 훗날 3·1운동 여성동지회에서 함께 만났다. 기미년 시위 때 최금봉은 스물 셋, 권애라 스물 둘, 임영신이 스물이었다. 모두 감옥에 갇혔고 이듬해 풀려났다. 최금봉은 일본으로, 권애라는 상해로, 임영신은 미국으로 떠났다. 그들의 기억 속에 안동과 안동 사람들은 어떤 모습으로 각인되었을까?

---

8 『동아일보』, 1962.12.19.

낭만浪漫으로 치환된 갈등葛藤의 기억

전쟁의 상처는 크고 깊었다. 모든 것이 무너진 폐허의 땅에서, 복구는 더디게 진행됐다. 춘궁기春窮期 보릿고개는 해마다 되풀이됐다. 1957년 안동의 초등학생 5백 명이, 3월 새 학기가 시작된 지 두 달 만에 퇴학退學됐다. 이유는 장기결석이었다. 식량이 떨어져 굶주린 아이들은 2,30리 통학길을 걸어갈 힘이 없었다. 배우는 것보다 먹는 게 급했던 아이들에게, 학교는 결석의 이유도 물어보지 않았다. 얼마 후 경상북도 문교사회국장의 긴급지시로 퇴학 처분은 취소됐다.[1] 배는 여전히 고팠고 마음의 상처는 깊었다.

그해 8월 31일 저녁 무렵, 이승만 대통령의 양아들이자 부통령 이기붕의

---

1 『경향신문』, 1957.5.2.

가짜 이강석이 투숙했던 옛 해룡여관 자리

아들인 이강석이 풍수해風水害로 어려움을 겪는 농촌을 조사하기 위해 안동 경찰서장을 찾아 왔다. '귀하신 몸' 이강석은, 안동 서장 관사官舍에서 최고의 접대를 받고 안동 역전에 있는 해룡여관(현재 온&청 맞은 편)에 투숙했다.

그 전날 경주에서 시작된 이강석의 비밀조사는 영천과 안동을 거쳐 봉화까지 이어졌다. 비밀조사 사흘간 이강석은 4명의 경찰서장과 안동 군수, 은행지점장들로부터 30만 환(요즘 3천만 원)을 받았다. 인사청탁도 받았다. 그는 9월 1일 저녁 대구에 있는 경북도지사 공관에 갔다가 체포됐다. 그는 가짜 이강석이었다.

가짜 이강석, 강○○은 1년 전 대구에서 고등학교를 졸업한 뒤 돈이 없어 대학에 가지 못한 가난한 청년이었다. 그는 대학 학자금을 마련하기 위해 가짜 이강석 흉내를 냈다. 그는, '상관에게 아부하고 자신의 영달榮達에만 급급하던 부패 관리들을 마음껏 농락했고, 그들로부터 향응饗應과 인사청탁人事請託까지 받았으니 통쾌하기 짝이 없다'고 말했다. 가짜 이강석에게 농락당한 군수와 경찰서장들은 '시국적인 악질범을 엄단해 달라'고 재판부에 요청했다. 가짜 이강석은 '내가 시국적인 악질범이라면 그들은 시국적인 간신배'라고 반박했다.

경주서장이 말했다는 '귀하신 몸'은 유행어가 됐다. 안동 경찰서장은 부산소방서장으로 좌천됐다. 그로부터 6년 뒤, 가짜 '귀하신 몸'은 대구 동촌 유원지 식당에서 청산가리를 마시고 자살했다. 진짜 '귀하신 몸', 이강석은 그보다 3년 앞서, 4·19혁명 직후(4월 28일) 권총으로 자살했다. 진짜 이강석은 28세, 가짜 이강석은 26세였다. 그들의 삶은 불행했고, 짧았다.

진짜 '귀하신 몸'이 일가족과 함께 자살하기 바로 전날, 안동에서는 중고등학생 2천여 명이 안동 역전에 집결해 안동 경찰서장 퇴진을 요구하며 시위를 벌였다. 그날 저녁 이승만 대통령은 국회에 사직서를 제출했다.

이승만이 미국 유학 시절 청혼했던 임영신은 안동에서 이승만의 도움으로 초대 민의원이 됐고, 안동의 2대 민의원 김시현은 이승만을 암살하려 했다. 가짜 이강석은, 서울로 가고 싶어 했던 안동 경찰서장을 부산으로 보냈다.

한국전쟁이 끝나고 6년 뒤, 세 번째 안동 역사驛舍 신축공사가 시작됐다. 안동역의 내력은 기구했다. 갑술년 수해 때 물에 떠내려갔고, 1939년에는 불에 타 없어졌고, 1950년 사변 때 포탄에 무너졌다.

지난 8일 상오 9시 당지 역광장에서는 안동역사 신축 기공식이 군민 수천 명이 참석하여 성대히 거행되었다. 안동역은 6·25사변으로 파괴된 이래 가역사에서 불편을 느껴오다가 이번 총공사비 약 7천만환을 들여 콘크리

안동역사 신축 기공식(1960년), (출처 : 경북기록문화연구원)

안동철도국 정문(1958년),
(출처 : 경북기록문화연구원)

트 2층 최신식 건물을 세워 면목을 새롭게 할 것이라 하며 오는 8월 1일 준공될 예정이라 한다.[2]

1963년 안동읍이 안동시로 승격했다. 그해 가을 제5대 대통령 선거 유세가 한창이었다. 제4대 대통령이었던 민정당의 윤보선 후보와 국가재건최고회의 의장이었던 공화당의 박정희 후보가 접전을 벌이고 있었다. 안동은 또다시 전국적인 관심을 모았다. 윤보선 후보는 10월 9일 안동 철도국 건너편 중앙초등학교에서 열린 유세에서, '공화당은 공산당의 돈을 가지고 공산당의 간첩이 와서 공산당식으로 조직한 정당'이라고 폭로했다. 윤후보가 폭로한 공산당 간첩은 6 · 25때 월북한 황태성이었다. 그는 북한의 무역상 부상(차관)이었다.[3] 해방공간에서 시작돼 한국전쟁 이후 주홍글씨가 된 '빨갱이'가 정치판의 전면에 등장했다.

중앙정보부가 즉각 윤보선 후보의 발언을 반박했다. 공화당은 고발할 태세였고, 대검찰청은 공산당과 공화당을 연결시킨 윤후보의 발언을, 선거법에 국한시킬 수 없는 중대한 사건으로 보고 있었다. 박정희 후보도 다음 날, 안동으로 오는 기차 안에서 황태성과의 관련이 없다는 내용의 기자회견을 열었다.

---

2 『동아일보』, 1960.3.12.
3 『동아일보』, 1963.10.9.

황태성은 나의 친형과 친구관계이다.…해방 후 내가 귀국해보니 황은 이미 새빨갛게 된 공산주의자로서 김천에서 위원장 노릇을 하고 있었고… 5·16 나던 해 9, 10월경 김종필 전 중앙정보부장이 찾아와 황태성을 아는가 라고 물었다.… 김종필씨는 황이 월북해서 김일성 괴뢰정권에서 무역성 차관급까지 올라갔는데, 간첩으로 넘어 왔다가 체포된 것이라고 말했다. 황은 그 자리에서 박의장의 형과는 옛날 친구인데 만나게 되면 남북협상을 제의하려고 왔다고 토로하였다.… 그 후 재판을 받아 사형 선고를 받았다는 이야기를 들었다.[4]

상주 출신의 황태성은 상주와 김천을 중심으로 경북북부지방에서 활동하던 사회주의자였다. 윤보선으로부터 '공산당 정당'이란 소리를 들었던 공화당은, 70년대 김대중을 겨냥해 '색깔론'을 제기했다. 현대사에서 끊임없이 되풀이된 '색깔론'의 진원지는 안동이었다. 윤보선 후보는 왜 대선 투표일을 일주일 앞둔 시점에, 하필 안동에서 공화당을 '공산당 정당'이라 폭로했을까? 제5대 대통령선거는 공화당 박정희 후보의 승리로 끝났다. 표차는 15만 표였다. 그로부터 2년 뒤 황태성은 사형됐다. "정처 있는 말이, 정처 없는 말속에 녹아서 정처를 잃어버리고, 정처 없는 말이 정처 있는 말속에 스며서 정처에 자리 잡았다."[5]

1943년 일제가 뜯어낸 경북선 안동-점촌 구간은 끝내 복원되지 않았다. 자유당 정권은 한국전쟁 전부터 해마다 경북선 복설 계획을 발표했다. 장밋빛 계획의 백미는 1955년에 발표된 철도 10개년 계획이었다.

4   『동아일보』, 1963. 10. 10.
5   김훈, 『남한산성』, 학고재, 2007.

4289년(1956년)부터 4293년(1960년)까지는 영월북부선과 충북선, 경북선 등, 주요지선과 산업선을 합하여 연장 5621K의 신선 부설과 주요 지선의 개량에 착수할 것이라고 하며, 2차 5개년에는 안동-영덕의 영덕선 외 14개선 총연장 1300K의 대철도망 형성과 각지선 개량에 착수할 계획이라고 한다.[6]

자유당 정권이 무너졌다. 부패의 사슬이 드러났다. 자유당 정권의 철도 10개년 계획은 '뜬구름 잡기'였다. 철도건설에 들어가야 할 해외 원조가 정치자금으로 쓰였다. 자유당 정권은 '떡고물' 아니라 아예 '떡'을 떼먹었다. 경북선 복설復設이 10년이나 지연된 이유였다. 장면내각은 철도건설계획을 전면 수정했다.

장면내각은 (철도건설 사업비가) 자유당 정치자금으로 일부가 염출된 후 현재 중단된 사실에 대해서도 근본적인 재검토를 하여 무리한 공사를 하지 않겠다고 밝혔다.[7]

자유당 정권의 부패가 경북선의 행로를 바꿨다. 장면내각은 경북선의 복설 구간을 점촌-예천-안동에서 점촌-예천-영주로 변경했다. 1962년 봄에 경북선 복설공사復設工事가 시작됐다. 경북선 예천-영주 구간 공사에는 국토건설단國土建設團이 투입됐다. 안동출신의 국토건설단원이 경북선의 영주연결에 동원됐다. 5·16군사정권은 병역기피자들을 동원해 국토건설사업에 투입했다. 명분은 '사회적 불구자들'을 국토건설사업으로 구제하자는 선의였다. 속셈은 부족한 건설예산을 공짜 노동력으로 메우려는 강제 동원이었다. 국토건

6 『동아일보』, 1955.12.17.
7 『동아일보』, 1960.8.25.

설단은 그해 2월에 생겨나 11월에 사라졌다. 1962년의 특산물이었다.

　　전국각지에서 집결된 건설단원은 1만6천여 명에 달하였으며 이들은 지난 3월부터 국토건설사업의 선두에서 일하게 되었다. 국토건설단원은 정부의 사업계획에 의해 4개 지단과 2개 분단으로 나누어 울산 가로 축조공사를 비롯해 남강, 춘천, 소양강댐, 섬진강댐 등의 이설도로 및 산업도로 건설과 정선선 및 경북선의 2개 철도 부설공사 등 방대한 노동력을 요하는 국토건설사업을 담당하게 되었다.[8]

8　『경향신문』, 1962. 12. 29.

60년대 역전 아이들과
36사단 신병교육대

    1964년 안동에 있던 철도국이 영주로 이전했다. 철도망의 중심이 영주로 옮겨갔다. 경북선은 점촌에서 영주로 연결됐다. 영주-철암간 영암선이 경북선으로 이어졌다. 안동은 경북선도 잃고 철도국도 잃었다. 철도국 직원들로 붐볐던 철도국 자리는(지금의 홈플러스) 휑하니 비었다. 안동 사람들의 상실감은 컸다. '영풍군 안동면'이라 했다. 철도국 터에는 구 금성예식장 자리에 있던 솔표 연탄이 이전했고, 그 옆에는 시외버스 정류장이 생겼다. 안동역 급수탑 뒤편에는 안동 연탄이 자리 잡았다.

    안동역 앞에는 60년대 말에서 70년대 초반까지 시홍당이라는 '아이스 케끼' 공장이 있었다. 아이스 케끼는 오전에 만들어져서 점심시간 전후에 장사꾼들에게 공급됐다. 장사꾼들은 대개 초등학생들이었다. 아이들은 한 개당

70전에 받아서 1원에 팔았다. 아이스 케끼는 한여름 최고의 빙과였다. 100개쯤 팔면 꼬마 장사꾼들 손에는 30원의 이문이 들어 왔다.

그 시절 자장면 값은 15원 수준이었다. 삼양라면 한 봉지는 10원이었다. 한 여름 오후, 꼬마 장사꾼들이 땀을 조금 흘리면, 자장면 두 그릇, 삼양라면 3개를 살 수 있었다. 장사에 지쳐서 한 개 먹고, 친구 만나서 한 개, 이렇게 저렇게 인심을 쓰다 보면, 하루 장사는 적자로 끝났다.

'안동역전 앞'을 싸돌아다니던 아이들은 중앙국민학교 정문 앞에 있던 화교 학교도 기웃거렸다. 화교 학교에는 초중고등학교 과정이 함께 있었다. 학교 앞에서 '빗자루, 쓰레받기'라고 소리치면 덩치 큰 중학생, 고등학생들이 몰려 나왔다. 이 말이 왜 중국 아이들을 그토록 화나게 했는지는 아직도 모르겠다. 아마도 중국어에 이런 발음과 비슷한 욕이 있지 않았을까? 마치 미군부대에서 일했던 한국인 노무자들이 미국인들의 영어 욕을 한국 발음으로 '산너머 배추'라고 했던 것처럼.

게 중에는 화교 친구들과 친하게 지내서 송죽루나 경회루 같은 중국집에서 자장면을 얻어먹는 친구들도 있었다. 당시 안동에는 중국인들이 운영하는 중국집이 여럿 있었다. 중국집에서 나오는 자장면은 최고의 성찬이었다. 자장면이 맛있었던 송죽루와 만두가 최고였던 대홍원은 그 후로도 40년쯤 영업을 이어갔다.

9월이 오면, 아이들은 잠자리를 잡으러 천리천으로 몰려갔다. 천리천의 중간쯤, 안동역 인근에 있던 '쎄멘거랑'(지금의 고추시장)에는 잠자리가 유난히 많았다. 잠자리의 왕은 호박잠자리였다. '크네'라고 했다. 암수 두 마리가 붙어서 비행하는 호박잠자리는 '어치기'라고 했다. 어치기는 비행 속도가 느렸다. 어치기를 잡은 아이는 산삼을 캔 듯 감격스런 고성을 내질렀다. 그 아이의 주변으로 순식간에 아이들이 몰려들었다. 암컷을 얻거나 가로채기 위한 몸놀림이었다. 암컷을 갖는 순간부터 잠자리 잡기는 꽃길. 암컷 발을 실로 묶어서 돌리면, 순식간에 주변에 있던 수컷들이 달려들었다. 수컷들의 집착은 강했다. 손으로 잡아도 날아가지 않았다. 암컷을 가진 자, 당연히 그날 잠자리 수확의 일인자가 되었다.

어치기가 목격되면 누군가 제일 앞서서 내달리고, 그 뒤를 따르는 아이들은 "어치기 덮으면 수애(수컷), 수애 안주면 아메 대가리"라고 외쳤다. 해석하자면 이렇다. "어치기는 우리가 다 같이 봤다. 니가 달리기를 잘해서 앞서가고 있는데, 어치기를 잡으면 아메(암컷)는 니가 갖고, 대신 수애(수컷)는 나에게 줘야 한다. 만일 수애를 주지 않으면 니가 갖고 있는 아메의 머리를 잘라 버리겠다. 그러면 어차피 너도 아메의 혜택을 볼 수가 없다" 뭐 이런 뜻이다. 선두가 달려가고 2위 그룹이 그 뒤를 따라가는데, 이 구호도 2위 그룹에서 먼저 한 친구가 수애를 갖게 된다. 이 구호를 외치지 않으면 2위 그룹으로 달려가도 수애를 가질 수 있는 권한은 없다. 잠자리 잡기의 불문율이었다. 어치기를 잡은 친구가 이 법을 따르지 않으면, 잠자리 잡기에 나선 아이들 전체가 나서서 암컷의 목을 떼버린다. 위법에 따른 처벌이었다. 법치사회法治社會였다. 아이들은 잠자리잡기로 법치사회에서 살아가는 법을 배웠다.

잠자리 잡기에 열중해 안동역 구내 뒤편, 급수탑(아이들은 기관꼬라 불렀다.) 근처까지 가다 보면, 어느 결엔가 주변엔 험상궂게 생긴 형아들이 다가왔다. 그들은 넝마주이였다. 급수탑 주변에는 이들이 모여 살던 넝마주이촌이 있었다. 그들의 몸에서는 이상하게 냉기가 돌았고, 얼굴엔 표정이 없었다. 아이들은 넝마주이를 만나면, 무심결에 두 손으로 배부터 가렸다. 어른들은, 그들이 아이들의 간을 빼먹는다고 소문을 냈다. 이 말을 듣고 자랐던 아이들은, 이들을 보면 본능적으로 배를 가렸다. 배를 가린다고 간을 빼먹지 못하는 건 아니었지만.

천리천과 명륜천이 복개되지 않았던 시절, 도심을 관통하는 명륜천 주변에 후남이라는 여자가 있었다. 세수를 하지 않은 탓에 나이는 짐작할 수 없었다. 후남이는 밥을 달라고 조르지도 않았고, 동냥도 하지 않았다. 늘 무표정했고 말도 하지 않았다. 있으면 먹고 없으면 굶고, 잠은 천리천이나 명륜천 옆에서 잤다. 겨울에는 옷을 서른 개쯤 포개어 입고 다녔다. 여름에도 후남이의 옷은 두꺼웠다. 마음이 식어버린 탓에 여름에도 추웠다.

그 후남이가 어느 날부터 보이지 않았다. 든 자리는 몰라도 난 자리는 보이는 법, 막상 보이지 않으니 궁금해졌다. 불길한 상상도 이어졌다. 후남이가 죽었을 거라고. 있을 때 좀 더 잘해 줄 걸. 동네 조그만 일도 화제가 되던 시절, 후남이의 갑작스런 부재는 한동안 화제가 됐다.

그렇게 동정과 연민과 후회가 한바탕 동네를 돌고난 이후, 어느 날 갑자기 후남이가 귀환했다. 죽었던 사람이 다시 살아온 양 동네가 들썩였다. 후남이 옆에는 비슷한 복장의 여자가 같이 있었다. 소문과 분석이 꼬리를 물었다. 가장 설득력 있는 소문은 안동시의 부랑아 일소대책이었다. 안동시청 직원이 시내의 경관을 헤치는 후남이를 기차에 태워 영천으로 보냈다는 거였다. 그런데 영천에서도 영천역 앞을 돌아다니는 후남이 같은 여자가 있었고, 다른 곳으로 어떻게 보낼까 궁리하고 있던 참이었다. 그런데 느닷없이 후남이가 등장해 두 명으로 늘었다. 깜짝 놀란 영천읍 당국이 후남이의 출처를 물어보니 안동에서 왔다고 했다. 누군가 기차에 태워 영천으로 보냈다는 거였다. 안동시의 비겁한 대책에 발끈한 영천읍 당국, 이번에는 후남이와 영천의 후남이를 함께 태워 안동으로 보냈다는... 시간은 흘렀고, 그 후남이는 어느 겨울날 아침, 지금의 서문교(사장독) 부근에서 세상을 떠났다. 후남이와 함께 온 영천 친구도 사라졌다.

60년대가 지나고 70년대로 접어들면서 안동 역전의 시홍당은 문을 닫았다. 아이스 케끼는 신제품인 '하드'에 밀려 났다. 바야흐로 하드가 여름철 빙과시장을 접수했다. 안동에도 '금곡 알밤하드'라는 지역 브랜드가 있었다.

금곡 알밤하드의 등장과 함께 지역 브랜드의 사이다도 등장했다. 금곡그룹에서 하드와 함께 생산한 금곡사이다와 애플사이다였다.

별이 일곱 개가 그려진 칠성 사이다는 서울에서 내려온 전국 브랜드였고, 금곡사이다와 애플사이다는 지역 브랜드였다. 아이들은 소풍 때 칠성사이다를 사달라고 졸랐다. 어른들은 값이 싼 금곡이나 애플사이다를 선호했다. 점심시간에는 자랑과 부끄러움이 교차했다. 칠성사이다를 갖고 온 아이는 자랑스럽게, 더러는 아무 것도 아닌 양 사이다를 꺼냈다. 애플사이다를 갖고 온 아이는 끝내 사이다를 내놓지 않았다. 문명표준은 칠성사이다였다.

안동역에는 '도꾸도꾸이'라는 짐수레꾼이 있었다. 원래 도꾸도꾸이의 활동무대는 통일여객 정류장(지금의 기업은행 자리)이었다. 안동철도국(지금의 홈플러스 자리)이 1964년 영주로 이전하면서 그 자리에 버스정류장이 옮겨 갔다. 그도 버스정류장으로 따라갔다. 짐을 실어주고 돌아오는 길, 그는 술을 마셨고, 술을 마시면 비오는 거리에서 노래를 불렀다. 그의 노래는 '서울 야곡'이었다. 스타카토로 끊어 불렀다. 사람들은 그를 천재라고 했다. 공부를 많이 해서 이상해졌다고 했다. 군대 갔다가 너무 많이 맞아서 그렇다는 이야기도 있었다. 늘 술에 취해 있었고 욕도 했지만, 그는 이웃을 해롭게 하지는 않았다.

'무종이'는 안동 역전 앞 지킴이였다. 새마을 모자에 한쪽 바지는 걷고 구부정한 자세로 호루라기를 불며 교통을 정리했다. 운전자들은 그의 수신호를 대개 무시했지만, 그는 그래도 교통정리를 계속했다. 그는 늘 그 자리에 있었다. 교통정리가 끝나면, 그는 소관업무所管業務가 있다며 발걸음을 재촉했다. 그가 처리해야 할 소관업무가 무엇이었는지는 아무도 모른다. 그는 요양

원에서 숨졌다. 무종이는 안동의 아이콘이었다.[1]

안동에는 1955년 창설된 육군 36사단이 있었다. 30년 가까이 안동에 주둔했다. 병력은 8천명 규모였다. 36사단은 안동경제의 효자였다. 철도가 주된 교통수단이던 시절, 안동역은 늘 군인과 면회 인파로 붐볐다. 1970년 안동역에는 하루 평균 5천3백여 명이 기차를 타고 내렸다. 1980년에는 7천5백여 명으로 늘었다. 연간 273만여 명이었다. 134만여 명이 안동역에서 기차를 탔고, 139만여 명이 안동역에 내렸다.

안동역에는 TMO(Transportation Movement Office 국군철도수송지원반)와 헌병대가 주재했다. 둘씩 짝을 지어 역전을 순찰하던 헌병대는 복장만으로도 주변을 위압했다. 걸음걸이는 절도가 있었고, 박자를 맞추듯 바지에서 소리가 났다. 항상 검은 선글라스를 착용했다. 시선의 방향은 알 수 없었다. 계급은 모두 병장이었다. '마이가리'란 건 모두 알았다. 확인할 수는 없었다. 검문하던 그들의 음성은 낮고 음산했다. 휴가를 받아 집으로 가던 군인들은 갈 때나 올 때나 안동역이 불편했다.

36사단에는 신병교육대新兵敎育隊가 있었다. 훈련 입소 날과 자대배치自隊配置 날, 안동역과 사단 앞은 늘 병사들의 부모와 친척들로 붐볐다. 입소 날에는 부모와 함께 온 입소자들이 안동역에서 내려 구시장 통닭이나 중국 음식으로 배를 채웠다. 통닭은 최고의 단백질 보충제였다.

자대로 배치되는 병력은 대개 새벽 4시에 이동했다. 자대배치 날, 부모와 친척은 전날 안동에 와서 뜬눈으로 밤을 새웠다. 36사단 정문에는 새벽 2,3시부터 부모들이 모여들었다. 새벽 4시쯤, 사단 정문이 열렸다. 긴 훈련에 새

---

1 윤상균의 기억

카맣게 그을린 신병들이 '더블백'을 메고 나왔다. 신병들은 걸어서 안동역으로 이동했다. 그들을 따라 부모와 친척도 같이 걸었다. 엄마는 이름을 부르며 아들을 애타게 찾았고, 아들은 울음을 삼키며 어둠 속으로 걸어갔다. 조교들은 신병들의 곁눈질을 용서하지 않았다. 안동역에는 신병들의 이동 열차가 대기했다. 신병들은 끝내 부모와 대면하지 못했다. 신병들은 떠났고, 부모들은 안동역에 남았다. 신병들은 어디로 가는지 본인도 몰랐고, 부모들도 알지 못했다. 아들의 얼굴을 확인한 부모들은 그나마 안심했고, 아들을 찾지 못한 부모는 애간장을 태웠다.

안동역 부근과 사단 인근에는 여인숙과 통닭집, 식당들이 즐비했다. 아들을 면회 오는 부모와 친척들의 필수 메뉴는 통닭이었다. 행여 외박이 되면 온 가족이 여인숙에서 잤다. 안동역은 그리운 아들을 만나는 관문이었고, 그 아들을 남겨두고 떠나는 단장斷腸의 출구였다. 60년대 울진, 삼척, 봉화지역에는 간첩들이 수시로 출몰했다. 36사단의 주 임무는 대간첩작전이었다. 목숨을 건 전투가 이어졌다. 간첩 소식이 들릴 때마다 병사들의 가족은 노심초사했다. 병사들에게 안동은 춥고, 황량하고, 쓸쓸한 기억으로 남았다.

신혜정과 신영식과 신일선

1967년, 안동역 맞은편에 건평 1천5백 평 규모의 경상섬유 공장(지금의 갈비 골목)이 들어섰다. 나일론 같은 화학섬유를 생산했다. 경상섬유는 서울 동대문 시장의 옷감시장을 장악했다. 동대문 시장 상인들은 경상섬유에서 나염捺 染을 했고, 옷감을 사서 안동역 화물로 보냈다.

경상섬유 창립 직후인 1968년, 이 회사에는 나염의 색깔과 도안을 디자인하던 20대 중반의 디자이너, 신혜정도 있었다. 안동 출신이었다. 그는 1972년 태국의 일본계열 섬유회사로 옮겨 태국과 이란의 직물 분야에서 활동했다. 70년대 말 프랑스에 정착한 그는 토랑트사 수석디자이너로 일했다. 토랑트사는 피에르카르댕, 이브생로랑 등 세계의 패션산업을 주도하는 파리의 24개 하이패션협회 회원사였다. 신혜정은 1992년 파리에서 세계적인 의류회사 '샤인 아슈'를 설립했다. 프랑스 최초의 여성 총리 에디트 크레송과 미테랑 프랑스 대통령 부인이 신혜정의 단골 고객이 됐다. 사우디아라비아 공주의

안동 갈비골목 굴뚝(옛 경상섬유 공장 터)   용상동 경상섬유 터(현 CGV)

웨딩드레스를 만들었던 인연으로 사우디 왕족들도 단골손님이 됐다.

경상섬유는 1975년 용상동에 6천 평 규모의 2공장(현 CGV자리)을 짓고, 원단 수출을 시작했다. 수출 규모는 연간 100만 달러에 근접했다. 당시 종업원은 380명이었다. 80년대 들어 섬유 경기가 퇴조했다. 경상섬유도 문을 닫았다. 안동 역전 경상섬유 터에는 굴뚝만 남았다.

배고프고 무료하던 60년대가 저물고 있었다. 1968년 5월 18일 밤 10시쯤이었다. 안동 역전의 문화극장(현 온&청)에서 영화 상영이 끝났다. 4백여 명의 관객이 극장 문을 나서는 순간, 현역 육군하사陸軍下士 신영식이 관객들을 향해 수류탄을 던졌다. 폭음과 비명이 뒤섞였다. 그사이 또 한 발의 수류탄이 터졌다. 아수라장阿修羅場이었다. 폭음에 놀란 관객들은 갈피를 잡지 못했다. 극장 문 앞에는 피범벅이 된 아이들의 고무신이 뒹굴었다. 그 옆에는 주인 잃은 시계 하나가 10시 20분을 가리킨 채 멈춰 있었다. 관객 5명이 숨졌고 44명이 중경상을 입었다. 전방부대에 근무하던 신 하사는 휴가를 받은 뒤, 부대 내무반 비상용 수류탄 3개를 훔쳐서 사건 이틀 전에 안동으로 왔다.

안동역 앞에 사귀던 애인이 있었는데, 휴가 나와서 보니까 이 애인이 보이지 않았어. 애인의 변심에 대한 불만이 사회에 대한 저주로 바뀐 거지. 신 하사 자신은 애인도 잃고 사회에서 외톨이가 되었는데, 편안하게 극장에서 영화를 보고 나오는 사람들이 갑자기 미워졌을 수도 있겠지. 술도 엉망진창으로 취했고...[1]

안동 역전에서 여관종업원과 구두닦이를 했던 신 하사丅ㅗ는 역전 부근 술집에서 일하던 박 모양을 사랑했다. 박 양의 충고로 66년 6월 하사관 시험에 합격했고, 곧 전방사단으로 배치됐다. 안동에서 전방은 멀었다. 편지가 끊어졌고 연락도 두절됐다. 애인의 변심을 원망하던 신 하사는 애인을 변절하게

수류탄 사건 당시 문화극장 앞(동아일보 1968.5.20.)

---

1   문화극장 기도 김해동의 증언

만든 사회가 미워서 수류탄을 던졌다고 진술했다. 불특정 다수에 대한 원망이었다.

당시 문화극장에서 상영된 영화 '복수'는 합동 영화사 제작, 이혁수 감독 연출의 활극이었다. 백영민, 고은아, 박노식이 출연한 이 영화는 북만주 일대에서 활동하던 독립군들의 사랑과 배신, 복수에 관한 이야기를 다뤘다. 신하사가 이 영화를 봤는지는 확인되지 않았다. 하지만 술에 만취한 신 하사의 눈에 '복수'라는 글자는 더 크게 다가왔을 터였다.

신 하사는 자신을 떠났던 박 양과 옥중결혼식을 올렸다. 이듬해 7월, 총살형으로 삶을 마쳤다. 신 하사는 사회에 대한 속죄의 의미로 자신의 안구를 기증했다. 신 하사의 '애인을 변절하게 만든 사회'는, 대도시의 화려한 모습이었다. 1965년부터 본격적으로 보급되기 시작한 TV는 농촌이나 중소도시 주민에게 충격으로 다가왔다. TV에 비치는 대도시의 거리와 삶의 모습은 농촌과 전혀 다른 세상이었다. 농촌의 젊은이들은 도시를 동경했다. 신 하사는 애인 박 양이 도시의 남자를 따라, 도시로 갔을 것이라 생각했다.

그 무렵, TV에서 화려하게 비치던 서울 명동의 어느 다방. 겨울날 해질녘에 시인 서정주와 박기원이 만났다. 서정주는 그 날 저녁 영화 '아리랑'의 여주인공 신일선을 만났다. 서정주와 신일선의 만남은 수필로 남았다.

신일선 양을 내가 우연히 만나게 된 것은...1960년대 후반기 어느 겨울 저녁 때였다. 내 술친구 시인 박기원이 "우리 신일선네 술집에 한잔 하러 갈까?" 하고 말해서 "야 그것 오랜만에 소원 풀려 잘되었네, 가세" 하고 따라나서 서린동 뒷골목의 그녀 경영의 왕대폿집에서 그녀를 비로소 초

대면하게 된 것이다.[2]

나운규의 영화 아리랑에서 '영희'역을 맡았던 신일선은 일제 강점기, '조선의 연인'이었다. 당시의 청소년, 서정주나 박기원에게도, 신일선은 최고의 우상이었다. 서정주의 오랜 우상이자 '조선의 연인'은, 종로 서린동 뒷골목에서 퇴락頹落한 모습으로 왕대포를 팔았다. 신일선의 서울 생활은 어쩌면 그 겨울이 마지막이었을 지도 모르겠다.

1968년 4월, 쉰일곱의 신일선이 안동역에 내렸다. 신병 치료차 청송으로 가는 길이었다. 그는 결혼 실패와 사업 부진으로 신경통과 만성두통에 시달리고 있었다. 청송은 좋았다. 약수탕 부근 암자에서 요양을 하며 여관도 차렸다. 처음엔 잘 되던 여관업도 결국엔 실패로 끝났다. 3년 뒤, 신일선은 거처를 안동으로 옮겼다. '조선의 연인'은 안동의 변두리 단칸방에서 중풍으로 쓰러졌다.

아리랑의 주연 여배우로 숱한 팬들의 망국의 설움을 달래주던 신일선여
사(72)가 안동군 남선면 정하동 346의 비좁은 단칸방에서 지병인 고혈압
과 중풍으로 왼쪽 팔다리를 못 쓰는 불편한 몸으로 나날을 보내고 있다.[3]

영화 아리랑의 무대는 3·1운동 직후의 농촌이었다. 주인공 영진은 3·1운동 때 일제의 고문拷問으로 광인狂人이 됐다. 그가 미워하고 죽였던 기호는 일제에 협력했다. 안동의 의병들이 '막사과의 북풍'을 흠향歆饗하고, 만주에서 홀로 죽어가며, 일제의 황궁에 폭탄을 던질 때, 아리랑의 '영희', 신일선은 흰 저고리에 검정 치마를 차려입고, 예쁘게 댕기 땋은 삼단머리채를 나풀

---

2 『인터뷰365』, 2008.9.4.
3 『경향신문』, 1983.1.22.

영화 '아리랑'의 신일선(출처 : 구글)　　　아리랑 제작진 기념사진(출처 : 독립기념관)

거리며, 조선의 고향길을 걸어가고 있었다. 안동의 의병들에게 '영희'는, 고향 집 사립문을 열면 반갑게 맞아줄 그리운 여동생이자 연인이었다. 안동의 의병들에게 영일寧日은 없었다. 말년은 힘이 들었고, 가난과 병마는 운명 같았다. 신일선도 그랬다. '조선의 연인, 영희'는 1990년, 곡절 많던 일흔아홉 삶을 마감했다. 그의 마지막 20년은 안동의 단칸방 삶이었다.

아버지는 '과거급제'… 아들은 '혁명'

    70년대가 시작됐다. 60년대 공업화 위주의 경제개발 정책이 농공병진農工並進으로 전환됐다. 식량정책의 목표가, 식량의 자급자족에서 주곡主穀의 자급자족으로 변경됐다. 쌀 생산량이 늘어났고 농촌은 절대빈곤絶對貧困에서 해방됐다. 배가 부를수록 마음의 허기는 심해졌다. 상대적 박탈감도 커졌다. 신기루는 도시에 있었다. 60년대 소작농에서 시작된 이농행렬離農行列은 갈수록 늘어나고 있었다.

    1976년, 안동댐이 준공됐다. 안동군내 6개면 54개 마을이 물속에 잠겼다. 3천 가구, 2만 명이 태어난 자리를 버렸다. 수몰이주민水沒移住民이 이농행렬에 가세했다. 가깝게는 안동시내로, 멀리로는 서울로, 부산으로, 대구로 떠나갔다. 70년대 말이 되자, 쌀의 자급자족 목표는 달성됐다. 경제활동의 부가가치는 공상工商이 높았다. '사농공상士農工商'에서 '농'이 맨 뒤로 밀려났다. 농촌은 도시에 '먹을거리'를 제공하는 보급처가 됐다. 농민들은 의욕을 잃었다. 양반과 노비, 일제와 조선, 지주와 소작농 같은 계급론이 등장했다. '농노農奴'라는 자조도 나왔다.

1978년 3월의 농협 조사월보는, '아이들에게 농업교육을 시키겠다는 농민은 12%뿐'이라고 기록했다. 농민들의 갈증과 허기가 교육열에 불을 붙였다. 소를 팔고 빚을 내서라도 아이들을 대학으로 보냈다. 상아탑象牙塔은 '우골탑牛骨塔'이 됐다. 도시로 간 아이들은 '새우잠을 자면서 고래 꿈을 꿨다.'

정부의 쌀값 지지정책支持政策은 80년대 들어 후퇴하기 시작했다. 농업정책은 농업소득의 다각화로 바뀌었다. 농민들은 쌀 소득의 감소를 보충하기 위해 상업적 농산물로 눈을 돌렸다. 들판에 고추와 담배가 지천으로 널렸다. 수급조절需給調節은 쉽지 않았다. 가격폭락사태가 이어졌다. 대외교역이 확대되면서 농산물 수입도 늘어났다. 왜곡된 경제구조를 농업부문에 전가轉嫁하는 반농민적 농업정책도 계속됐다.

안동역은 농촌과 도시, 민족과 외세, 민주와 독재를 구분하는 경계가 됐다. 안동역은, 도시都市와 외세外勢와 독재獨裁를 막아주는 성채였고 관문이었

안동 농가부채 탕감 농민대회(출처 : 경북기록문화연구원)

다. 농민들은 연일 역전광장에 모여 농축산물 가격 보장을 요구했다. 농촌의 아픔에 공감하는 학생들이 앞장섰다. 농민들의 시위에는 '농촌 홀대'라는 울분과 도시에 대한 상대적 박탈감, 군부독재軍部獨裁에 대한 정치적 저항이 혼재돼 있었다.

1979년 안동에서 불거진 '오원춘 사건'은 70년대 중반에서 시작돼 80년대로 확산된 '농촌의 허기'를 대변하고 있었다. 신뢰를 잃은 군사정권軍事政權은 농촌의 허기를 채워주지 못했고, 농민을 설득하지 못했다. 농산물 가격정책과 농축산물 수입, 농기계 값 인상과 강매 등의 누적된 불만이 한꺼번에 터져 나왔다. 농업과 농촌의 희생위에 공상工商은 비약했다. 경제발전에 가속도가 붙었다.

'고래 꿈을 꾸라'고 도시로 보냈던 아이들은 민주화 투쟁의 일선으로 나섰다. 아버지의 꿈과 아이의 꿈은 달랐다. 아버지는 '과거급제科擧及第'를 기다렸고, 아이는 '혁명革命'을 준비했다. 동네 어귀 현수막에 찬란하게 빛나던 아이의 이름은, 동네 담벼락에 덕지덕지 붙여진 '불온한不穩한 사상범思想犯'

오원춘사건 당시 안동 목성동 성당, 오원춘사건 관련 기도회(출처 : 경북기록문화연구원)

의 수배명단에 있었다. 아버지는 밤늦은 시각, 옆집으로 걸려오는 아이의 숨 죽인 전화에 몸을 떨어야 했다.

학생운동권의 집단주의는 선명鮮明과 순혈純血을 요구했다. '숲'에서 개인 의 '방'을 찾는 건 쉽지 않았다. '운동하는 건 좋은데 다른 고통, 갈등도 포 용하고 인정해야 한다. 너희들만 의식 있는 인간이고 진실하다고 생각하는 건 오만이고 너희들이 대항하려는 체제만큼 비인간적'[1]이라고 고민했던 소 설 속 '소양'은 모든 대학에 있었다.

90년대의 시작은 여전히 암울했다. 1991년 4월 26일, 명지대 강경대가 전 경의 집단구타로 숨졌다. 강경대 사건은 분신정국焚身政局의 도화선이 됐다. 사흘 뒤 전남대에서 박승희가, 다시 이틀 뒤 안동대에서 김영균이 분신했다.

1991년 5월 1일, 정오쯤이었다. 날씨는 맑았다. 안동대 학생회관 앞 광장, 학생들은 '강경대 열사 추모 및 폭력 공안통치 분쇄를 위한 범안동대인 규탄 대회'를 준비하고 있었다. 대회는 예정보다 지연되고 있었다. 갑자기 날카로 운 비명소리가 들렸다. 학생회관 입구에서 온몸에 불이 붙은 누군가가 광장 으로 달려 나왔다. 5미터쯤 달렸을까, 그는 광장 입구에 쓰러졌다. 놀란 학생 들이 급하게 몸에 붙은 불을 껐다. 곳곳에서 비명과 울음이 터져 나왔다. 그 는 안동대 민속학과 2학년 김영균이었다. 공안당국은 학생들의 잇따른 분신 에 극도로 민감한 상태였다. 분신의 배후를 찾았다. 배후로 지목된 민속문화 연구회가 오랫동안 고초를 겪었다.

김영균은 전신에 3도 중화상을 입고 치료를 받다 다음 날 숨졌다. 김영균 은 안동대 옆 동산에 안치됐다. 학생들은 매년 5월 1일, 이곳에 모여 김영균 을 추모했다. 시간이 흘렀다. 2001년에 김영균은 민주화운동 명예 회복 대상

---

1 강석경, 『숲속의 방』, 민음사, 2009.

안동대 故 김영균 열사의 묘와 기념비(출처 : 박명배)

자로 선정됐다. 유족에게 1억5천만 원의 보상금이 지급됐다. 김영균의 아버지는 이 돈을 김영균 열사 추모사업회에 맡겼다. 학생들은 받지 않았다. 아버지는 세상을 뜨면서 다시 추모사업회로 돈을 기탁하라는 유언을 남겼다. 학생들은 그 돈을 받아서, 예천 감천에 3천 평의 밭을 샀다. '김영균 농장'이라 했다. 고구마와 감자는 민주화운동 관련 시민단체에 무료로 전달했다. 김영균농장은 2008년부터 12년간 운영됐다. 추모사업회는 작년에 이 돈을 회수했다. 김영균의 생각과 뜻과 의지가 담긴 이 돈을 어떻게 쓸까, 사업회의 고민은 이어지고 있다. 김영균이 떠난 지 한 세대가 흘렀다. 내년이면 30주기다.

공안통치公安統治에 분노한 청년들의 저항은 이후로도 이어졌다. 전국에서 6명이 몸에 불을 붙여 목숨을 끊었다. 이들의 저항은 일제 강점기 안동 의병들의 '자정치명自靖致命'과도 같았다. '이름도 성도 없는 오직 의병들'이 싸우고, 짓밟히고, 죽어가면서 얻어낸 소중한 민국民國에서, 나라의 주인인 백성은 맞고 짓밟히며 죽어가고 있었다. 누군가는 이들의 자정自靖을 '작전'이라고 했고, 누군가는 '굿판'이라 했다. 그러나 죽음의 본질은 서러움과 분노였다. 식민지 조선에서 자행되던 공안통치公安統治와 고문拷問은 해방된 지 반세기에 이르도록 상존尙存하고 있었다.

국민의 억울함에 맨 먼저 귀 기울여야 할 경찰을 비롯한 수사기관이 국민을 글자 그대로 두들겨 패고 짓밟고 고문하는 원부怨府로 비치기에 이른 사태의 심각성을 정부는 깨달아야 한다. ...지금은 '다시는 고문 없는 사회를...' 하는 따위의 원시적 구호나 외치고 있을 미개의 시대가 아님을 정부는 명심해야 한다.[2]

우리들의 사랑은 어디쯤
흘러온 것일까
봄볕 따사로운 이 짙은 오월
떨리는 눈망울로 너희 어깨 걸고
붉은 대낮 거리를 메운,
분노의 파도로 일렁일 때
어디까지 가야
말없이 사랑을 내어뿜는,
희디흰 물방울로 흘러갈 수 있는 것인가
생각했다.

점점이 모여
시퍼렇게 거리를 점거하고 있는,
깨알 같은 눈물로 바다를 이루고 있는
사랑이여 통곡이여

---

2 『한겨레신문』, 1990.12.27.

그 조그만 몸에서 쩌렁쩌렁 울려나오는
너희 서러움의 깊이에 놀라
어디까지 흘러가야 우리들의 사랑은
잔잔한 바다,
온전한 조국에 닿을 수 있을 것인가
그 길고 긴 투쟁의 항로를 생각했다.[3]

1963년 대선 때 안동에서 시작된 색깔론이 30년 지난 1992년 대선에서 다시 등장했다. 정치판의 '빨갱이 놀음'은 돌고 돌았다. 김영삼 민자당 후보는 12월 13일, 경기도 남부지역을 순회하는 유세에서, 민주당의 김대중 후보가 '김일성 노선에 동조하는 전국연합과 손을 잡았다'고 지적하고 '북한이 원하는 후보를 대통령으로 뽑아야 하느냐, 아니면 우리가 원하는 후보를 대통령으로 뽑아야 하느냐'[4]며 색깔론을 제기했다. 30년 전 윤보선이 박정희를 공격할 때 사용했던 그 문법이었다.

김대중 민주당 후보는 그날 안동 역전에서 '김영삼 후보가 30년 민주화 동지를 용공으로 몰고 역대 군사정권이 자행해온 가장 비열한 흑색선전을 서슴지 않는다'며 색깔론을 정면으로 비판했다. 김대중의 반격은 30년 전 박정희의 반격과 맥락이 같았다.

1992년 대선은 김영삼 후보의 승리로 끝났다. 1993년 문민정부가 들어섰다. 질풍과 노도처럼 역사가 청산됐다. '우리 문화'의 정체성 찾기도 시작됐다. 80년대를 관통했던 우울한 흐름은 엷어졌다. '기다림은 만남을 목적으로 하지 않아도 좋다'는 '홀로서기', '마주보기' 등의 이른바 '기'자류의 서정敍

3 정순자, 『조국의 푸른 꽃넋이여(그해 유월을 지나서)』, 해성, 1991.
4 『경향신문』, 1992. 12. 14.

情도 밀려났다. '영화 서편제가 국민영화가 됐고, '나의 문화유산 답사기'가 민족적 필독서必讀書가 됐다. 근대화 과정에서 경험한 '뿌리의 상실'이나 '정체성 위기'에 대응하는' 흐름이었다.[5]

사람들은 '말하지 않는 것과의 대화'를 통해 '인생도처 유상수'를 찾아 나섰다. '산은 강을 넘지 못하고', '강물은 그렇게 흘러가고' 있었다. 1996년 11월 13일 오후 5시, 일제 강점기 조선총독부朝鮮總督府 청사가 헐려 나갔다. 1905년 을사늑약에서 시작돼 일제 강점과 6·25전쟁, 군사독재에 이르기까지 물경勿驚 90년의 역사를 청산하는, 그야말로 '역사적인 사건'이었다. 문화에 정치적, 경제적 덧옷이 입혀졌다. "우리의 전통과 문화를 국가적國家的 권위權威와 표준화標準化의 이름으로 봉인封印하는" 작업이었다.[6]

철거되기 전의 조선총독부(출처 : 구글)   조선총독부 철거 모습(출처 : 구글)

5 권숙인, 『소비사회와 세계체제 확산속에서의 한국문화론』, 서울대학교 비교문화연구소, 1998.
6 권숙인, 위의 책

20세기가 저물고 있던 1997년, 'IMF 사태'로 상징되는 외환위기가 터졌다. 대기업이 줄줄이 문을 닫았고, 구조조정構造調整의 칼바람이 몰아쳤다. 5,60년대 '배고픈 보릿고개'를 넘어 '새우잠을 자면서 고래 꿈을 꾸던', 신생 대한민국 1세대들이 짐을 쌌다. 1957년 새 학기에 굶주린 나머지 학교에 가지 못해 퇴학처분을 받았던 안동의 '굶주린 아이들'도 직장을 잃었다.

　곳간이 새는 줄도 모르고 샴페인 잔을 높이 들었던 한국 사회에 자성自省과 성찰省察이 시작됐다. 종택과 고택이 관광자원으로 주목받았다. 관광으로 시작된 유교문화儒敎文化 복원은 인문가치人文價値의 복원으로 확장됐다. 망한 조선에서 망하지 않은 조선으로 남아, 조선의 외형적, 내면적 유산을 부둥켜안고 있었던 안동에 다시 조선이 돌아왔다. IMF의 '귀중한 선물'이었다. '공자가 죽어야 나라가 산다'고 할 때 안동은 숨을 죽였고, '공자가 살아야 나라가 산다'고 할 때 안동은 어깨를 폈다. 근대화 과정에서 죽었던 공자는, IMF로 살아났다. 공자의 부활은 유교문화의 부활이요, 유교문화의 부활은 곧 안동의 부활이었다.

기억할 것인가? 버릴 것인가?

　제국주의의 산물 안동역에는 협력協力과 저항抵抗이 공존했다. 황국의 신민에게 안동역은 문명의 관문關門이었고, 황국이 버렸거나 스스로 외면한 망국의 백성에겐 절망과 이별의 관문이었다. 굶주린 아이들이 꿈을 향해 떠나가던 희망의 관문이었고, 독립투사와 민주열사가 밤늦게 찾아오던 고향집 사립문이었다.

안동역 급수탑(출처 : 경북인뉴스)　　　　　　　안동역앞 승공탑

중앙선은 잊혀졌다. 안동역은 과거의 기억으로 남았다. 안동역은 이제 낭만으로 치환置換되고 있다. 그러나 안동역은, '안동역에서'라는 유행가로, '거짓말'이라는 영화로 남을 곳은 아니다.

안동 역전에는 여전히 90년 세월의 흔적과 기억이 남아 있다. 전쟁 직후 떡 난전이 벌어졌던 버드나무가 그렇고 70년대 남북한 대립의 산물, 승공탑勝共塔이 그러하다. 문화극장 자리가 그렇고 경상섬유 공장터, 민주화 투쟁과 농산물 가격보장 시위의 기억이 그렇다. 두봉주교가 있었고 류강하, 정호경 신부가 있었다. 그들은 군사정권에 분노했고, 안동을 좋아했고, 농민을 사랑했다. 그들 또한 안동의 의병이었다. 역사는 과거의 사건事件이 아니라 과거 사건에 대한 집단의 기억記憶이라 했다. 안동역에는 수많은 기억과 갈등이 중층으로 겹쳐져 있다. 90년의 시간이 겹겹이 쌓여 있는 안동역의 흔적과 기억을 굳이 지금의 기준으로 재단裁斷할 필요는 없다.

낙동강변 메타세콰이어 길에는 가을이 짙어지고 있었다. 100년 전 이 길에는 임청각의 동흥학교 교사 나도향이 있었다. 길 끝에 영호루가 있었다. 도향은 이 길을 따라 영호루로 갔다. 도향의 영호루 방문길은 그의 중편 '청춘'으로 각색됐다. '청춘'에는 100년 전 안동의 풍경이 그대로 남아 있다. 낙동강변에는 버드나무 숲길이 있었고, 영호루 옆에는 강을 건너는 나루와 주막이 있었다. 대구은행 안동지점에서는 소절수小切手(수표)를 다루는 당좌계가 있었다. 법상동 예배당에서는 목사가 요한일서 3장 14절로 설교를 했다. 대구은행 안동지점 앞길은 상투를 튼 장꾼들로 붐볐고 술집과 이발소가 줄지어 있었다. 안동 서부지역은 논밭뿐이었다. 건축물은 단 두 개, 하나는 2층으로 지어진 '한 절', 법룡사였고, 또 하나는 낙동강변에 우뚝 솟은 영호루였다. 의성 고운사 가는 길은, 영호루 앞 나루를 건너 남선 원림의 토갓재로 이어졌다. 배고프고 고단하던 시절, 주막집 여자는 단돈 1백원(요즘 2백만원)에 외

1910년대 안동 서부지역 - 영호루(출처 : 경북기록문화연구원)

동딸을 장돌뱅이에게 팔았다.

　여름에 시작된 낙동강의 탁류는 가을까지 이어지고 있었다. 탁류 위 철교로 중앙선 남행열차가 지나갔다. 열차를 따라 100년의 시간도 스쳐갔다. 1934년 갑술년 수해 때도 낙동강엔 탁류가 흘렀다. 메타세콰이어 길 끝에는 영호루 대신 유허비遺墟碑 하나 뿐, 나루도 주막집도 모두 사라졌다. 철교를 지나간 중앙선 열차에는 갑술년 수해에 떠내려간 영호루와 주막집이 있었다. 김시현과 김지섭과 김재봉과 권애라가 영호루에 있었고, 권오설과 김남수도 있었다. 김가진과 권기일, 나도향도 거기에 있었다.

　봉정사 가는 길에는 단풍이 내려앉고 있었다. 일제의 기억을 털어낸 민국

民國의 새 철도는 봉정사 가는 길과 나란히 놓였다. 민국의 철도 위로 민국의 기차가 진입할 새 안동역은 봉정사 가는 길 입구에 마련됐다. 일제의 길은 철도鐵道였다. 역사驛舍는 일제의 관문이었다. 글과 총과 돈이 철도 위에 있었다. 일제 강점기의 옛일과 군대軍隊와 공장工場과 대학大學 가던 청춘들의 기억이 켜켜이 쌓인 '경북안동역'은 이제 색 바랜 엽서로 남았다. 90년 전 안동역에서 12시간 걸리던 서울 길이, 이제 1시간 30분으로 줄어들 민국의 철도 위에서, 안동은, 안동 사람들은 또 어떤 추상抽象으로 기록되고 있을까?

경자년의 팬데믹은 여름이 지나고 가을이 가고 겨울이 와도 끝나지 않았다. 추석은 쓸쓸했다. 서울 사는 손주들은 내려오지 않았다. 선조先祖의 혼백魂魄은 제주로, 설악산으로 후손들을 찾느라 분주했다. 추석 참배를 예약하지 않은 유족은 납골묘에 들어서지 못했다. 요양원의 면회는 교도소 면회와 다르지 않았다. 수상殊常한 시절은 끝나지 않았다. 일상으로 돌아갈 이정표里程標는 사라졌다. 사람들의 일상은 조금씩 변하고 있었다. 만남을 분별分別했고, 온기는 식어갔다. 동해의 일출日出보다 봉화 축서사鷲捿寺의 낙조落照에 공감했다. 누구도 희망을 말하지 않았다. 절망도 입에 담지 않았다. 사람들은 침묵했다. 춥고 메마른 겨울이 깊어지고 있었다.

안 동
문 화
100선
●❶❸

협력과 저항의 경계, 안동역

초판 1쇄 발행 2020년 12월 15일

기 획 한국국학진흥원
글쓴이 정윤호
사 진 류종승
펴낸이 홍종화

편집·디자인 오경희 · 조정화 · 오성현 · 신나래
         박선주 · 이효진 · 최지혜 · 석수연
관리 박정대 · 임재필

펴낸곳 민속원
창업 홍기원
출판등록 제1990-000045호
주소 서울시 마포구 토정로 25길 41(대흥동 337-25)
전화 02) 804-3320, 805-3320, 806-3320(代)
팩스 02) 802-3346
이메일 minsok1@chollian.net, minsokwon@naver.com
홈페이지 www.minsokwon.com

ISBN 978-89-285-1528-8
S E T 978-89-285-1142-6 04380

CIP 2020053315

※ 책 값은 뒤표지에 있습니다.
※ 잘못된 책은 바꾸어 드립니다.